JN065102

脳卒中の患者にやさしい医療ソーシャルワーカーになろう

"An Outline of Medical Social Workers specific to STROKE"

MSW 研修テキスト

社会医療法人榮昌会
吉田病院附属脳血管研究所
副院長・リハビリテーション部長

夏目重厚 著

CHOEISHA

はじめに

神戸市にある吉田病院は、脳卒中を中心とした脳神経疾患の専門病院であり、最新の脳卒中治療と最新の脳卒中リハビリを実践してきましたが、地域の中で脳卒中センターとしての機能と役割を十分に果たすためには、発症直後から在宅までの脳卒中チーム医療を支える医療ソーシャルワーカー（MSW）のシステム整備が必要でした。

５年前、当院の回復期リハビリ病棟開設を機に、筆者が最も理想的と想う MSW のシステム構築を目論みました。MSW のあり方は時代とともに大きく変化し、大学卒で社会経験のある社会福祉士の資格者も多くなり、機が熟していました。しかし、現実には社会福祉士の資格取得の学習内容は、医療の現場からは程遠い内容であり、ほとんど医療現場での役に立ちません。医療現場で必要とされる MSW を養成するには、改めて目的にあった MSW の養成システムが必要です。チーム医療の一員として活躍できる MSW の育成です。

MSW 体制整備の要は MSW の能力開発と同時に十分な人員確保です。そして、目標は、もし筆者自身や家族が脳卒中で倒れた時にも担当を望みたくなるような、すごくやさしい MSW の養成です。筆者の、これまでの MSW との様々な仕事上の経験と、全国各地のリハビリ病棟の機能評価の経験を参考に、脳卒中の専門性が高く、人間性の深い医療ソーシャルワーカーの養成を目標に新人研修システムを計画し整備してきました。それらのシステムを取りまとめ、全国の MSW で脳卒中の専門性を志している人向けに、出版することにしました。

タイムリーなことに、脳卒中・循環器病対策基本法が 2018 年に成立し、脳卒中治療ガイドラインの 2021 年改訂版も発行されました。また、脳卒中制度の展開とともに、2022 年より、脳卒中相談窓口の構成員の内容が明確になり、脳卒中療養相談士の配置が必要となりました。そこで、このテキストを、MSW の新人研修用としても、また脳卒中療養相談士の研修用としても活用できるように配慮しました。

◆内容としては MSW の能力開発に向け、以下の 4 点を中心にまとめました。

1）MSW に求めたい脳卒中の知識

2）MSW として脳卒中の患者さんの心の世界を理解するための知識

3）期待したい MSW の技能

4）MSW 業務の運営の考え方

◆執筆にあたって、以下の点について留意しました。

1）医師・看護師・療法士向けでなく社会福祉士向けの視点で書く。

2）医学知識の研修内容は文系出身の大卒者の理解能力に合わせる。

3）病院における医療ソーシャルワークのあるべき姿を提示する。

4）患者さんに寄り添うことのできる MSW を目指す。

5）当院で実際に実施できている内容を書く。

6）脳卒中療養相談士の研修テキストにもなるように配慮する。

7）要点を感覚的にも理解しやすいようにマニュアル的に記述する。

2022 年 1 月 11 日

夏目重厚

脳卒中の患者にやさしい
医療ソーシャルワーカーになろう
"An Outline of Medical Social Workers specific to STROKE"

目　次

【第3章】 MSWの業務システムのあり方

【第4章】 MSWに必要な脳卒中を中心とした医学的知識

【第5章】 MSWが理解しておくべき安全に関する知識

【第6章】 吉田病院について

第1章

こんな医療ソーシャルワーカー（MSW）を養成したい

1-1　求めたいMSW像とは
研修目標であるMSWの条件

1-2　MSWの新人研修内容と到達目標
研修中の心得や具体的な手順

1-3　MSWの新人募集では白紙の社会福祉士がベスト
未経験者も経験者もゼロスタートから始める

1-4　こんなMSWにはならないでほしい
著者が経験したような悪い例を反面教師として学ぶ

1-5　MSWに持ってほしいリハビリマインド
チーム医療に必要なリハビリテーション・マインドの考え方を学ぶ

1-6　当院（吉田病院）の脳卒中リハビリシステムの特徴
切れ目のない当院の脳卒中リハビリのシステムを理解する

1-7　脳卒中患者の自分らしさと自己実現の考えかた
患者さんの自己実現やその人らしさの復権に関する考えを理解する

1-8　超高齢者は「老年的超越」により死生観が変わる
超高齢化すると死生観が変わる

1-9　MSWの脳卒中療養相談士としての役割
脳卒中センターにおけるMSWの役割を理解する

1-1 求めたいMSW像とは

MSWには、何よりもまず、やさしさが必要です。また、少しでも患者さんの幸せをもとめる想いが重要です。そのうえで、プロフェッショナルといえるような技能を獲得してほしいのです。また、脳卒中に関する知識と理解も必要です。このようなMSW像を理想として意識しながら、研修をすすめましょう。

患者・家族へのやさしく温かい心をもったMSW

1）すべての患者・家族に常にやさしく接する。
2）患者さんの心の世界を理解しようとする姿勢で傾聴する。
3）患者さんのこれまでの人生に敬意を持つ。
4）退院後も担当した患者・家族からずっと頼りにされる。

高いこころざし（志）のあるMSW

1）その人の求める最善の目標設定に務める。
2）その人らしさが最大限発揮できるよう援助する。
3）患者・家族のあらゆる悩みの相談に乗れるようになる。
4）どんな不安や不満も聴いてあげられる。
5）吉田病院のチーム医療の一員としてすべての職員から信頼される。
6）誰とも決して争わない。

プロフェッショナルな技能のあるMSW

1）面接の技能に長けている（インテークやカウンセリングの技術）。
2）接遇の技術に長けている（敬語・社会的儀礼など）。
3）脳卒中を中心とした脳神経疾患の相談員に必要な医学的知識がある。
4）各種の身体的・精神的な障害の相談に際し必要な障害の知識がある。
5）経済的悩みを救う社会制度や社会資源活用の知識がある。

6）公的な担当者（福祉事務所・年金事務所・市役所高齢福祉課など）との折衝技術に長ける。
7）内外の相談・協議すべき適切な部署を把握している。
8）チーム医療に向け院内各部署スタッフの業務を理解し交流している。
9）MSW としてマネージャー役の技能をもっている（カンファレンスなどの準備・調整・司会）。

脳卒中の専門性の高い MSW

1）脳卒中に関する相談に脳卒中相談員としても対応できる。
2）MSW 業務に必要な脳卒中の専門的知識がある。
3）脳卒中患者が陥りやすい心の問題を理解できる。
4）脳卒中に関与する各専門職の業務や用語が理解できる。

やさしさとは

思いやりがある。
そっと見守ることができる。
だめなことはだめといえる。
見返りをもとめない。
恩をきせるようなことはしない。
自分の利益や都合を優先しない。

しかし……
患者・家族の幸せの具体的な実現のためには
制度の活用や援助手段など知識に詳しくないと
十分にやさしさを発揮できない。
また、忙しすぎて、こころのゆとりがないと、
十分にやさしさを発揮できない。

吉田病院の理念では、“ひとにやさしい病院を目指します”として、
やさしさを求めています。
基本方針は、患者さん・地域の医療介護関係者・当院職員に、やさしい病院です。
MSW はその実現を目指しましょう。

吉田病院の理念　“ひとにやさしい病院を目指します”

吉田病院の基本方針
1. 患者にやさしい病院
24 時間体制で科学的根拠に基づいた急性期専門医療を行います。
職員一同でチーム医療を実現します。
専門性を活かして、救急から回復期・在宅まで切れ目のない医療を展開します。
2. 地域の医療介護にかかわるひとにやさしい病院
救急隊との連携を蜜にし、正確な情報の交換をします。
地域の医療機関との連携を密にし、正確な情報の交換をします。
地域の介護機関との連携を密にし、正確な情報の交換をします
3. 病院で働くひとにやさしい病院
職員の教育・研修を支援し、人材の育成に努めます。
職員の満足度を上げる経営を目指します。

1-2 MSW の新人研修内容と到達目標

新人研修では、チーム医療の一員になれるように、各部署の院内職員と親しくなる必要があります。スムーズな交流のためには、名札の表示・挨拶・感じの良い笑顔などが必要です。同時に、病院の仕組みや各部署の専門性を理解し、外来見学・回診やカンファレンスへの参加などをとおして、そこで使用されている専門用語が理解できるように学びます。MSW 業務に必要となる面接やインテークの技術は、先輩の MSW について学びます。

新人 MSW の研修を受けるにあたっての心得

1）名札は必ずつけていること。
2）職員同士の会釈や挨拶は必ずするなど、全職員と親しくなるように努力する。
3）病院は種々の専門職によるチーム医療で成立していることを理解する。
4）病院とは、患者さんに、より良い医療の提供を皆で目指す“共同幻想[注1]”の場であることを理解する。
5）感染防御の知識を暗記し手順を順守する。
6）個人情報保護の原則を順守する（家族・友人・役所関係にも）。
7）職員になれば、どの部署にもノック無しで気軽に入室する。
8）実習中は、分からないことがあれば指導医師にすべて質問し理解する。

注 1：共同幻想とは、複数の人間で共有される考え方。
立場は違えども医療人としての患者第一の心は同じ。
哲学者吉本隆明が詳細を展開。

新人MSW研修の手順と獲得目標

1) 見学実習では、自分にとって新しい知識は必ずメモをとる。
2) 必要な専門用語[注2]の暗記と理解に向け、単語帳(日本語・英語・略語)を作成していく。
3) 各部署の職員の専門性と業務内容を理解する。
4) 病院の仕組みをおおまかに理解し、各部署の業務の雰囲気を感じ取る。
5) 各医療現場の雰囲気を感じ取り、業務の流れを“直感的”にも理解する。
6) 先輩MSWの面接を見学し、接遇やインテークなどの技術を感じ取り学ぶ。
7) 各部署の職員と気軽に交流しやすくなることを目指す。

注2：専門用語の主な対象は、現場で使用されている医学用語・看護用語・リハビリ用語。

新人MSW研修プログラムの目標と内容

1) 医師回診やリハビリ回診の見学実習。(できるだけ最前列で学ぶこと)
2) 神経内科外来・認知症外来・装具外来・障害診断外来の医師の診察見学実習。
3) 外来看護師の救急も含む業務の見学実習。
4) 放射線科や臨床検査科の検査申し込みから検査実施までの見学実習。
5) 薬剤師の業務の流れや処方の仕組みを理解するための見学実習。
6) 管理栄養士による栄養指導・栄養管理・厨房管理などの見学実習。
7) 外来受診時の事務手続きの見学実習。(診察申し込み・外来受診予約)
8) リハビリに関連する検査やカンファレンスにはすべて一度は参加。その後は希望時参加で、許可不要。
9) 地域連携室で他院医師からの紹介状を判読し、電子カルテに要旨を記載。(紹介状判読練習)
10) 現場での滞在により院内の各職種と顔見知りになり、今後容易に相談できるよう努力する。

MSW 研修で参加・見学するカンファレンスと検査

	名称	内容	予定時間	場所
今後の定期参加が必要なカンファレンス	ゴール設定カンファレンス	全入院患者対象にゴールを設定・確認	水曜日朝8時から	4F リハビリ訓練室
	回復期リハビリ病棟入院判定会議	回復期病棟への入院・転棟などを決める	水曜日のゴール設定カンファレンス後	4F 第二会議室
	病床管理カンファレンス	医局カンファレンスに続いて医局主催で実施	金曜日朝	4F 第二会議室
一度は参加し理解しておくべきカンファレンス	医局カンファレンス	医局主催 新患の画像検討、手術など治療方針 随時見学可、許可等は不要	月曜日・火曜日・金曜日の朝8時から	4F 第二会議室
一度は見学しておくべき検査	嚥下造影検査(VF)	ST 主体で実施される嚥下障害の検査	火曜日と金曜日夕4時	B1 透視室 検査後、5F ST 室で読影会
	嚥下内視鏡検査（VE）	PEG 前評価、VF 困難者、声帯麻痺	火曜日の2階リハビリ回診の直後	主に病棟のベッドサイド
	MRI 検査	患者が体験する検査の流れをみる	見学実習予定日	MRI 撮影室
	CT 検査	検査時間が、極端に MRI より短いことなど	見学実習予定日	CT 撮影室
	血管内治療	操作室からの見学、脳血管撮影検査、血栓回収術、コイル塞栓術	随時、機会を見つけ飛び込みで見学指導予定	血管内手術室

新人 MSW 研修予定の要約

	内容	研修の獲得目標
最初の1週間	全職員共通の入職時研修プログラム	病院機能の概要の理解
2週目以降の1ヶ月	指導医のもとで、外来・回診・カンファレンス・嚥下検査などに参加ケアセンターの見学	専門用語、他職種・患者とのやり取りを理解
3週目からの2週間	急性期病棟 MSW 業務の見学実習を加える	急性期病棟の実務の流れと患者対応を理解
5週目から2週間	回復期病棟 MSW 業務の見学実習を加える	回復期リハビリ病棟の実務の流れと患者対応を理解
2ヶ月目〜3ヶ月まで	指導医のもとでの研修と、MSW 配置各部署の研修（外来・急性期・回復期）	困難な課題の指導
4ヶ月以降	配属部署での研修（スーパーバイザーのもとで）	MSW の専門職としての育成
1年から3年	学会参加・学会発表などの積極的参加	優秀な施設のシステムを学ぶ
3年までに	各論的な課題への対応	社会制度の有効活用 関連機関との折衝・法的代理人の理解
3年以後	これで“３年経験者”の経歴取得となる	さらに研鑽 新人指導

1-3 MSWの新人募集では白紙の社会福祉士がベスト

社会福祉士の資格を取得しても、実際にはその資格試験のための知識は、ほとんど医療現場での役に立ちません。さらには、多くの病院では、たとえ人手不足でも経験のあるMSWのみを募集していることが多いため、新人への門戸は狭くなっています。また、きちんとした新人研修プログラムが作成されていることは少なく、徒弟制度のような傾向があります。当院では、むしろ未経験者を歓迎し研修に力をいれて育成しています。それ故、未経験者も経験者もスタートはゼロから、すなわち白紙として教えていきます。特にMSWとして必要な医学知識や専門用語を文系の出身者に理解できるよう指導しています。面接に際しての接遇の技術や傾聴によるインテークの技術や記録については、先輩のMSWについて学びます。このようにして、こころと技能をもったMSWを育てています。

当院のMSW募集の基本方針

1）当院の“はえぬき”のMSWを育成したい。
2）当院では、新規募集に際し、主にMSW未経験の白紙の社会福祉士を募集。
3）一般的にはMSWの新人教育を避け経験者を募集していることが多いが、当院では新人を歓迎。
4）MSW未経験で、介護職やその他の様々な社会経験のある方を歓迎。
5）大学卒業直後で社会経験のない方も歓迎。

MSW未経験者のメリット

1）当院の効率的なMSW体制に合わせた教育ができる。
2）未経験者のほうが、必要な医学的専門知識や社会制度活用などについて効率的な教育がしやすい。

3）病院の内側を知らない方が、新鮮な驚きとともに素直に受け入れる傾向がある。

4）当院が目指す最高水準の脳卒中治療と脳卒中リハビリ技術についても気後れしない。

5）MSW業務は、すべての職歴が活かせる場である。

6）当院に応募する未経験者は、志（こころざし）が高く意欲のある人が多い。

7）潑剌としていて、病院に“新鮮さと元気さ”をくれる。

筆者の経験に基づくMSW経験者のデメリット

1）経験した他院でのやり方やシステムに固執する傾向がある。

2）プライバシー保護を理由に独立したスタッフルームに閉じこもりたがる。

3）面接記録の記載経験が乏しく、ルールに従った面接ファイル作成が困難なことがある。

4）9時・5時出勤で土日休みを主張する傾向がある。

5）患者本位のチーム医療への参加を軽視し、持論により独自路線を走る傾向がある。

6）新人の教育研修指導を業務に差し障るとして嫌い、経験者の募集を希望する傾向がある。

7）新人募集しても、手伝いのみの長期の見習期間やパワハラなどでやめさせることがある。

この内容の学会発表

和田美紀・早瀬裕子・井筒由莉・夏目重厚　当院における回復期リハ病棟MSWの新人研修のシステム：回復期リハ病棟協会第33回研究大会in舞浜　2019

1-4 こんなMSWにはならないでほしい

患者にやさしいMSWを目指すための指針を示してきましたが、ここでは逆にあってはならないMSWを著者の経験に基づき、具体的に例示しました。共通するのは、やさしさがない、患者へも職員へも上から目線、組織原則を無視する、ひととしての資質にかけている、見返りを求める、自己の利益や都合を優先するなどです。まさに当院が求めるMSW像の真逆のパターンです。患者・家族にも職員へもやさしくなく、家族や職員から何度も抗議の声が聞こえてきます。日常的に特定の職員以外へは挨拶がないのも特徴です。ここでは、今後のMSW研修に活かせるように、これらの著者が経験した悪い例を反面教師[注]として学びます。

筆者が経験した、問題のあったMSWの事例

経験1

患者・家族に自分を先生と呼ばせる。逆らう患者は時に悪徳病院に紹介(昔は名うての病院がありました)。気に入った患者は自分が高く評価している病院・施設へ紹介。金品をもらうと急に親切になる。面接記録はほとんど作らない。常勤であるが勤務時間が不定期で病院の勤怠管理を受けない。幾多の問題をおこし、後に解雇された。

経験2

他グループ病院から出向のベテランという触れ込みのMSW。自分個人の紹介手配方針を持ち、ほとんど面談せずに患者ごとに自分の価値観でふさわしい病院・施設を紹介。患者さんの人生観をもとに相談する医師の意見を無視。自分独自の世界観を持って自己完結している。話し合いにならず、出向停止とした。

経験3

病院の組織原則を守れず、病院トップの直属と誤解し気に入られるよう工作して信頼関係を作っていた。他の職員に対しては常に上から目線。職員に対し気に入らなければ徹底的に攻撃する。気に入らない医師の患者は差別する。素直でない逆らう患者・家族にも冷たい対応をとる。面接記録はほとんど作らない。新人MSWには、手伝いのみ３年でその間は他職員との接触禁止にする。勤務は９時・５時で土日休み、患者・家族の都合にはあわせない。患者希望の診断書など各種書類の作成依頼は医師への負担減を理由に最小限のみに制限。新人を何人増員してもすぐ退職してしまう。次第に居づらくなったのか自主退職。おそらく強迫性パーソナリティ障害であったと思われる。

経験4

役所前で倒れ、病院へ救急搬入された認知症の老女でのケース。病棟では精神不穏で身体拘束されていた。それを公園に住むホームレスと勝手に断定し、公園に置いてくるよう事務職が指示され困っていた。筆者が情報を摑み、役所の保健師に相談するとすぐにその人の居住地や保護を受けている状況が判明。無事、もとの環境に帰ることができた。その後も問題が多々あり、自主退職した。半年後、同じ地域の他の病院で実際に公園へ捨てた他の事例が発覚し新聞沙汰になっていた。

事例体験から学んだこと

1）患者にとって、転院先は、天国にも地獄にもなる。MSWは天使にも悪魔にもなる。

2）まだ人生を楽しめるはずだったのが、紹介先は短期に絶命する“死の家”かもしれない。

3）転院先の医師の死生観が“死ぬのを待つだけ”というものであると、さらに不幸である。

4）MSW個人の内的基準や価値観・人生観とともに、患者・家族の価値観の重視が必要である。

5) 病院の病床コントロールに貢献するのは結果である。転院先紹介のみの手配師であってはいけない。

6) 困ったときは、改めて倫理4原則(自律性・善行・無害・公正)の各項目に従い検証すべきである。

7) MSWの立場は、患者の最善の人生に向けての援助であることを忘れてはいけない。

注：反面教師とは　悪い見本として学ぶべきひとのこと。
悪事をはたらくことで、逆に人々に正しいありかたを示す。毛沢東が最初に用いた。

1-5 MSW に持ってほしいリハビリマインド

院内で多職種が協働して行うチーム医療では、少しでもよりよい生活の質を獲得できるよう最大限の努力を払おうとする心（マインド）がすべての関係者に求められます。特に、脳卒中のリハビリでは、少しでも症状が改善するよう積極的に取り組み、後遺症が残りそうでも可能性を大事にして諦めないことが重要です。ここでは、チーム医療としてのチームリハビリを遂行するのに非常に重要なリハビリテーション・マインド (Rehabilitation Mind) の考え方を学びます。

リハビリマインドの考え方

1) リハビリマインドは、リハビリ遂行に際し、全人間的復権に取り組む精神や担当職種の姿勢を意味する。
2) リハビリマインドは、QOL の可能な限りの向上を目指し、身体機能・精神機能のゴールや退院先 (自宅又は施設）で必要とされる生活動作の獲得により、最大限に機能が発揮できるよう取り組む姿勢である。[注1]
3) リハビリに関与する各専門職 (MSW も含む）は、自らの専門性と役割を自覚し、機能障害の改善や QOL 向上の可能性があるすべての手段について、積極的に関与することが求められる。
4) 同時に、すべてのリハビリ訓練（医学的リハビリ）や入院中の療養生活（生活リハビリ）は、科学的根拠のあるアプローチが重要で、チームリハビリとして取り組む必要がある。

注１：リハビリマインドを身に付けると、残された人生のＱＯＬを最大限にする方法を患者とともに考えることができる (道免和久教授)。

社会福祉士（MSW）に求められるリハビリマインド

1）患者の心理的・経済的・社会的・家族間などの不安を、すべてカウンセリング[注2]と位置付けて対応する。

2）患者の自己実現の具体的な目標を目指して、社会資源を最大限に活用できるよう対応する。

3）療法士・看護師等とのチーム医療に加わる為には、リハビリ医学の用語と知識が必要となる。

4）MSW のリハビリマインドを展開するには、十分な人員確保のもとに頻回の面談が必要である。

注2：カウンセリングは専門的な知識と技術を用いて行われる心理的な対応を含めた相談援助のこと

リハビリマインドに基づくゴール設定と自立

1）リハビリのゴールは、自分のことは自分でできるという“自立”とは限らない。

2）自分のことは自分で決める自己決定による“自律”が重要（臨床倫理でも自律性の尊重は重要）。

3）自立や自律は、自己実現に向けて検討される（“マズローのピラミッド[注3]”の概念を参考にする）。

4）超高齢者やターミナルケアのリハビリの場合、老年的超越や自己超越の考えが必要となる。

注3：マズローのピラミッドは、マズローの欲求５段階説（欲求ヒエラルヒー）を図解したもの。

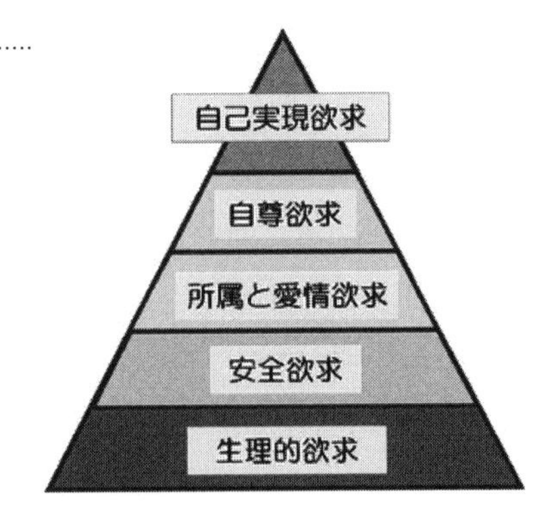

“リハビリをする意味がない”という状況は、あり得ない

1）“病気”になると、患者に何らかの不自由や苦痛が生じ、患者・家族に何らかの歪みが生じる。

2）うつ状態や自己認知の低下、高次脳機能障害よる様々な心の世界の混乱に対する理解が乏しいと、「やる気がない」と評価され、患者への不利益が生じる。

3）“どのような障害”があっても人間として向き合う姿勢が重要で、どのような状況でも対応手段がないことはなく、何か良い“次の手”を考えるのがリハビリマインドとして重要である。

参考文献

①道免和久『リハビリマインドを育てる時代』総合リハビリテーション　2004年4月号

②窪田俊夫『リハビリテーションプログラム概論：第20回中伊豆医師卒後研修会テキスト1999』

③上田　敏『リハビリテーションの思想　人間復権の医療を求めて』医学書院、1987

④土肥信之『リハビリテーションの臨床とケア』ライフ・サイエンス・センター、1987

⑤日本医療評価機構『病院機能評価　統合版評価項目 V6.0 解説集』2009

⑥ BW スコットン他、安藤治他訳『テキスト / トランスパーソナル心理学・精神医学』日本評論社、1999

脳幹出血による重度障害の患者さんの悲劇

50代の男性Aさんは、脳幹出血による突然の昏睡・四肢麻痺で緊急入院しました。1ヶ月後に意識が少し改善し、やや落ち着いた時点で回復期リハビリ病棟へ転棟してきました。妻と娘さんとの3人家族で、3ヶ月後に娘さんの結婚式を予定されており、出席の是非について相談されました。自己実現の目標として重要です。そこで実現を目指し、本人・家族・病棟看護師・担当療法士を交え、具体的に計画を立てました。看護師の介助による結婚式への出席能力獲得を目標とし、内容はバージンロードの車椅子を用いた行進と披露宴での乾杯の動作としました。言語表出は不可でしたが、聴理解は良好でした。リハビリでは、車椅子座位の1時間以上の持久力向上訓練、見た目の良さに配慮した異常肢位に対する矯正訓練、礼服のシャツ・ネクタイに慣れる訓練、乾杯のための上肢機能訓練などを実施しました。その結果、結婚式には間に合い､病棟看護師の付き添いのもとに無事にすべてのスケジュールをこなし帰院しました。その後、さらにADLが改善してきていました。2ヶ月後に､MSWが準備した療養病院へ転院しましたが、1ヶ月後に亡くなりました。驚いて調べたところ、紹介先はあまり評判の良くない病院でした。担当のMSWは、非常にプライドだけが高く、看護師や療法士との話し合いにもほとんど参加していませんでした。感激を共有しようとせず、冷たく病院手配をしていたようです。

脳幹出血は重度の障害をきたすことが多く、当初は昏睡状態と四肢麻痺でも閉眼による意思伝達が可能になり、その後、四肢のわずかな動きが可能になってきます。療法士による毎日の兆しの評価、起立性低血圧防止の早期座位訓練、傾眠傾向に対する磁気刺激療法、意志伝達装置使用に向けた各種のスイッチ用具などなどが活用されます。しかし最も重要なのは、脳幹出血の場合は、関連する全スタッフのリハビリマインドです。MSWとリハチームとの関係が疎遠だと、残念な結果となります。MSWに心がないということは悲しいことです。

1-6 当院（吉田病院）の脳卒中リハビリシステムの特徴

当院の脳卒中リハビリシステムの第一の特徴は、超急性期脳卒中リハビリとして脳卒中の脳損傷による麻痺等の障害を治すための最新の神経リハビリ技術が実施されていることです。そのために多数の急性期担当の療法士が確保されています。また、最新のリハビリ訓練用の医療機器が揃っていることも特徴です。患者さんは入院とほぼ同時に、PT・OT・ST による障害の評価や訓練を受けることになり、MSW から退院に向けたゴール設定のための早期面接によるインテークを受けることになります。その後も、リハビリの訓練状況は、逐次、本人・家族に各療法士から懇切丁寧に説明され、それが退院まで続きます。超急性期が中心の SCU（脳卒中ケアユニット）、急性期病棟、回復期リハビリ病棟と移動していく場合、訓練内容も全く切れ目のないリハビリが実施されています。これは、退院後に当院の訪問リハビリ・通所リハビリにつなげる場合も同様です。ここでは、MSW 業務に役立てられるように、当院のリハビリシステムの流れを学びます。

超急性期脳卒中リハビリへの取り組み

1）近年、脳神経科学と脳損傷のリハビリ医学（神経リハビリ）が、凄まじく進歩してきている。

2）脳卒中のリハビリ実施時期は超急性期（24 時間以内）・急性期（約３週間）・回復期（３週から６ヶ月まで）・維持期 / 慢性期（退院後）に分けられる。

3）超急性期から急性期の“神経リハビリのゴールデンタイム”を無駄に過ごさないように、発症後６ヶ月までは神経リハビリの濃厚な訓練を切れ目なく続ける。

4）入院直後に担当の PT・OT・ST を決め、直ちに障害の評価と超急性期脳卒中リハビリを開始する。

5）脳出血についても、脳卒中診療ガイドラインに沿ったリスク対応で24時間以内に訓練を開始する。

超急性期から急性期・回復期・維持期まで神経リハビリを継続

1）神経リハビリは、超急性期から開始し、急性期・回復期と切れ目なく続ける。

2）川平法（促通反復療法）の技術と考え方を基本動作訓練の原則とする。

3）退院後に維持期リハビリが必要な場合は、訪問リハビリや通所リハビリで川平法を継続する。

4）神経リハビリを補強（修飾）する最新の訓練機器を活用する（電気刺激療法・磁気刺激療法など）。

急性期・回復期リハビリ間での過去の課題

1）急性期で療法士数が少ないと、訓練量も少なく、必要十分なリハビリ効果は期待できない。

2）本来は、急性期の入院中から回復期病棟並みのリハビリ訓練量が必要であるが、できていなかった。

3）急性期病棟と回復期病棟で訓練方法が切れ目なく継続されないと効率的なリハビリにならない。

4）装具療法や装具作製の方針が急性期・回復期の療法士間で一致しないと早期装具療法が困難になる。

当院の超急性期・急性期・回復期リハビリ一貫システムの利点

1）超急性期脳卒中リハビリ（発症24時間以内）実施のために、医師の入院指示と同時にリハビリ指示が出る。

2）リハビリ指示に基づき、リハビリ医の処方回診（毎朝7時半から）でリハビリ診断と訓練リスクを検討する。

3）安静にしているとすぐに筋萎縮が始まる廃用症候群が、最小限に抑えられる。

4) 脳の可塑性による回復を目指すために、神経リハビリのゴールデンタイムを無駄に過ごさない。

5) 量的・質的に濃厚なリハビリ訓練が切れ目なく実施され、急性期でも回復期リハビリ並みの訓練量となる。

6) 最新のリハビリ訓練機器や装具療法などが切れ目なく活用できる。

7) 回復期病棟入院の適応は、発症より1週間以内に設定され、回復期病棟への転棟の待機期間が短い。

8) 入院期間が、効率的な訓練により短期間で済むと、平均在院日数が短縮される。

訓練状況の妥当性は全入院患者について1週ごとに再検討

1) 脳卒中のリハビリ訓練方針とゴール設定の確認は、頻回の再検討が必要なので毎週実施する。

2) 毎週、病棟ごとに月・火・金曜に分けて入院患者のリハビリ回診を実施し、評価と訓練について検討する。

3) 毎週水曜のゴール設定カンファレンスで、全入院患者のリハビリゴールを再確認する。

4) 毎週金曜の全医師参加のカンファレンスで、全入院患者の主治医の治療方針を確認する。

5) この“しつこさ”が、不確定要素の多い脳卒中患者の退院を計画的に進めるコツである。

①練習量の（量）の要件

多数の療法士
超急性期から開始
多い単位数
365日リハビリ

②練習内容（質）の要件

基本的手技（川平法）
脳可塑性のゴールデンタイム重視
健側強化
高次脳機能障害の把握

神経リハビリとは

脳の損傷に対し、意図的動作強化で脳の可塑性を最大限引き出し、神経機能を効率よく回復させるリハビリ技術。神経リハビリの要素は、練習量・練習内容・神経活動の修飾・環境であり、すべてが揃って成立する。

③神経活動を調整する修飾の方法

電気刺激療法・磁気刺激療法・振動刺激痙縮抑制法
ロボット訓練
ミラー療法
プリズム順応療法
その他

④環境の要件

リハビリ栄養体制（サルコペニア対策チーム）
うつ病対策体制（うつ病対策チーム）
精神看護カンファレンス（高次脳機能障害による行動異常対策チーム）

1-7 脳卒中患者の自分らしさと自己実現の考えかた

脳卒中により患者は、その人らしさを失っていることが多く、自分らしさをいかに取り戻すかが、リハビリのゴール設定に大きく影響します。脳卒中になると、今まで特別に意識することもないまま、自分のペースで送ってきた人生のあり方をあらためて振り返り、本当は、自分はどうありたいのかを模索しようとするのですが、援助がないと自分一人では進められません。家族は、元通りの人間に少しでも近づき、手のかからない生活をしてほしいと思うので、必ずしもそのための援助になるとは限りません。ここでは、自己実現に向けた検討の質向上に向けマズローの欲求５段階説（マズローのピラミッド）を理解し、脳卒中患者の援助に役立つMSWのあり方を把握してもらいます。

自分らしさと自己実現について

1）脳卒中で倒れる前は、その人のライススタイル・趣味・人生観などで自分らしさが無意識に発揮されている。

2）脳卒中で倒れると、自分らしさを取り戻したいという思いが、自分とは何かを振り返らせ再確認させる。

3）自分らしさの再獲得は、マズローの自己実現の欲求５段階のなかで具体化されていくことになる。

4）自分らしさとは、自分の主体性であり、自分は自分であるという自我同一性のことである。

脳卒中患者の自己実現欲求への取り組みとMSWの援助

1）“その人らしさ”を取り戻すためには、本来あるべき姿であると思う状態を実現できるよう援助する。

2）そのためには、MSWは、その人の人生観やこれまでのライフスタイルを理解する必要がある。

3) その上で、MSW は家族や社会での自分の使命を自覚し生きてゆけるよう配慮し援助する。

4) 自己の存在感・役に立つなど、ライフスタイルの再構築に向けて援助する。

5) 具体的には、復職、家族関係の再構築、友人関係の再構築、趣味の再開などの支援が求められる。

6) 過去の輝いていたときの自分を周囲の人が再確認できるよう配慮する。

自己実現に向けたリハビリや入院治療のゴール

1) 退院時ゴールや退院後生活のプロファイル[注1]の検討に際し、自己実現に向けた本人の意向が重要となる。

2) 病前レベルの機能・病前の生活習慣・趣味・病前のライフスタイルへの復活が取り敢えず目標になる。

3) 脳卒中の機能障害・能力障害の回復の如何により、最善の対応と柔軟な目標設定が必要となる。

4) 障害が重度の場合には、そうはいかないので、その人らしい生活を送れるように配慮した支援が重要となる。

注１：退院後生活のプロファイルとは、退院後の自宅または施設の環境で想定される１日のスケジュール(起床・整容・トイレ・食事・就眠など)。リハビリのゴールを設定する場合、必ず具体的に検討する必要がある。直感的に理解されることが重要である。

アブラハム・マズロー

(Abraham Harold Maslow, 1908-1970)

米国の心理学者で。“マズローの欲求５段階説”を提唱。人間は自己実現に向かって絶えず成長するとする。人間の欲求は５段階のピラミッドのように構成されており、低階層の欲求が満たされると、順に、より高次の階層の欲求を欲する。その最上位の階層が自己実現であり、自分らしく生きていたいという欲求になる。晩年に自己超越欲求を追加した。脳卒中患者のゴール設定でも活用される。

マズローのピラミッド

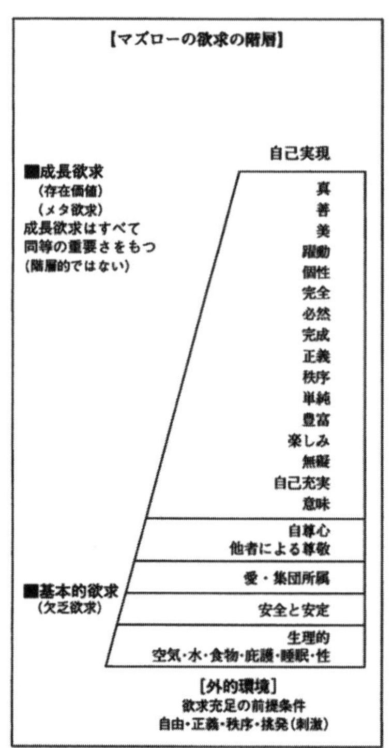

吉福伸逸 『トランスパーソナルとは何か』新泉社、2005 より引用

	脳卒中患者の欲求	欲求への取り組み
自己実現欲求	自分らしさを取り戻したい 家族や社会での使命を理解し貢献したい 本来あるべき姿であると思う状態を実現したい	自分らしいライフスタイル・趣味の復活 人に役立つことをする、自分の労働が価値になる 本来あるべき姿であるあると思う状態を実現する
自己尊重の欲求	家族の中で認められたい、責任を持ちたい 仲間に認められたい・社会復帰したい 復職したい	経済的課題を解決、家族の中で責任をもつ、 社会復帰に向けたゴール設定 復職に向け MSW の援助、療法士のリハビリ
所属と愛情欲求	家族関係を大切にしたい できるだけ家族に迷惑を掛けないようにしたい 病前の人間関係を取り戻したい	家族関係を取り戻す ADL の自立または家族介護の軽減 損なわれた人間関係の回復
安全欲求	自宅内で自立したい 家族の世話にならずに生活したい 脳卒中が再発しないようにしたい	リハビリ一貫システムで活動レベルでの改善 ADL 自立・自律、介護量の軽減 脳卒中再発予防策 (入院中、退院後の再発防止)
生理的欲求	生命の危機から逃れたい 脳卒中治療の苦痛から逃れたい 完全に治りたい	最新の脳卒中治療で生命的危機を脱する 脳卒中治療でうつ・疼痛・苦痛への適切な配慮 最新の神経リハビリによる機能レベルでの改善

1-8 超高齢者は「老年的超越」により死生観が変わる

90歳以上の超高齢者の脳卒中入院が増加してきています。脳卒中リハビリに際してはゴールとして自己実現の具体化を目指しますが、限られた余命の状況下でターミナルケアの要素が入ってくると、自分の存在を超えたところに目標を設定する自己超越が目標になる考えがあります。しかし、近年、人間は超高齢化すると死生観が変わり、老年的超越というものが普遍的に自然に出てくることがわかってきました。ここでは、超高齢者のゴール設定の検討に際しての、超高齢者の患者さんの心の世界を理解し、共通の課題として応用することと、終末期に関する一般的知識について学びます。

自己実現の先には自己超越がある

1）マズローのピラミッドの欲求段階に示される、自己実現の欲求の上にはさらに自己超越がある。

2）人間は誰しもが、自分が亡くなった先の自分はどうなるか不安である。

3）自己超越により、自らの身体の存在を超えたところに自分自身の存在感を感じ取ることができる。

4）加齢や疾患などで先が短かいと想定される場合、緩和ケアとともに自己超越への取り組みが求められる。

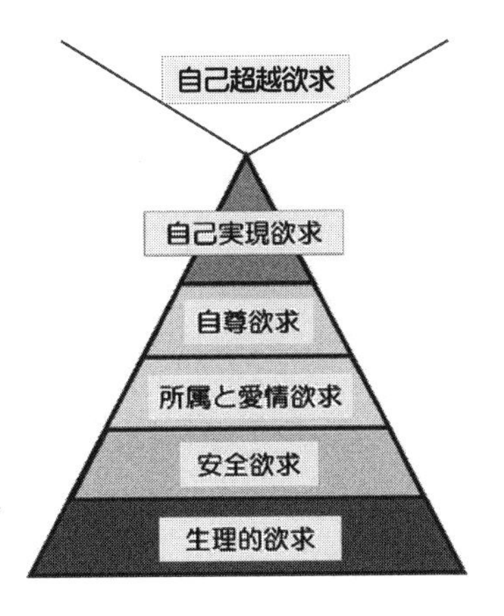

老年的超越の指摘

1) スウェーデンの社会学者トーンスタムが85歳から90歳以上になると出現する老年的超越を指摘（1989）。
2) 物質主義的で合理的な世界観から、宇宙的・超越的・非合理的な世界観へ変化する。
3) 宇宙や大いなる存在につながっているなどの“一体感の獲得”や“死の恐怖の消失” などを体験する。
4) 自己意識の変化に伴い、行動変容をきたし、自分の欲求へのこだわりが低下（利他性）する。
5) 持っていた社会的な役割や地位にこだわりがなくなり、むしろ“つながりの実感”を求めるようになる。

脳卒中患者の老年的超越への取り組み

1) 超高齢者の長期ゴールに際しては、老年的超越を意識しつつ取り組む必要がある。
2) 我々人間は様々な不安や個々の多様な死生観と共存し生きてゆかないといけない。
3) 重要なのは、“個に死して類に生きる”、“周りの人々の心の中に生きていく”、“宇宙の中の存在感を自覚しよう” という考え方への変化により行動変容が起きることである。
4) 人生会議(ACP)の検討時や家族のグリーフケア計画を立てる際は、老年的超越の概念を取り入れ反映させる必要がある。

ラーシュ・トーンスタム (Lars Tornstam 1943-2016)

スエーデンの社会学者。社会老年学の先駆者。老年的超越理論を提唱。

【参考】　脳卒中緩和ケア・人生会議・スピリチュアリティなど人生の終末期に関する知識

脳卒中緩和ケアの課題

1）脳卒中緩和ケアは非がん性の緩和ケアであり、ターミナルケアでなく余命は長いことも多い。
2）脳卒中緩和ケアは単に死にゆく人の見送り方ではない（死ぬという表現より、亡くなる・逝去する……が良い）。
3）脳卒中になると健康寿命が損なわれ、介護状況の変化に伴い自らの意思決定が困難になるかもしれない。
4）脳卒中の重度障害では、自立困難となり、自律性を保てず、自分を失いやすい（自我同一性の喪失）。
5）脳卒中による身体的・精神的・スピチュアルな苦痛に対しては、MSWや看護師による援助が必要である。

ACP（アドバンス・ケア・プラニング：人生会議）の課題

1）ACPは厚労省が主導しているが、自らが望む人生の最終段階の医療・ケアについて話し合うことである。
2）ACPは、本人の人生観・死生観・宗教などの把握が必要で、医療倫理も影響する。
3）行政としてはいつか来るターミナルケア時に活用しようとしている。
4）ACP検討を援助するには、その人生会議の参加者全員のACPが検討されていないと単なる他人事となる。
5）死にゆく当事者無視の人生会議にならぬよう注意が必要。

スピリチュアリティについて

1）スピリチュアリティ（Spirituality）は、“こころ”や“魂”のことで、緩和ケアやターミナルケアに関連する。
2）日本看護協会の看護実践では、「看護を必要とする人を、身体的・精神的・社会的・スピチュアルな側面から総合的に捉え、生涯を通じてその人らしい生活を送ることができるよう支援する」としている。

3) NANDA 看護診断学[注1]でもスピリチュアリティーが重視されている。
4) マズローやフランクル等の人間存在のあり方を重視するトランスパーソナル心理学の基本でもある。
5) MSW にとってスピリチュアリティは、脳卒中に取り組む場合の基本的な姿勢につながる。

注1：NANDA 看護診断学　NANDA は北米看護診断協会のこと。看護診断は国際的に利用されている。

参考文献

ラーシュ・トーンスタム（冨澤公子・タカハシマサミ訳）『老年的超越　歳を重ねる幸福感の世界』晃洋書房、2017

日本看護協会『看護業務基準　2016 改訂版』2016

1-9　脳卒中療養相談士としての MSW の役割

脳卒中・循環器病対策基本法が制定され、脳卒中・循環器克服で次５ヶ年計画も策定される中で、脳卒中センターの脳卒中相談窓口の活動が重要になってきました。内容は脳卒中の救急・診察・治療・入院・リハビリ・介護・復職・再発予防・発症予防などに関する相談と対応です。この相談業務では、脳卒中相談窓口の構成員チームによる対応が求められ、MSW は、社会福祉士の専門性と同時に脳卒中療養相談士としての役割が求められます。ここでは、MSW の脳卒中センターと脳卒中窓口での役割を理解し学びます。

脳卒中センターとは

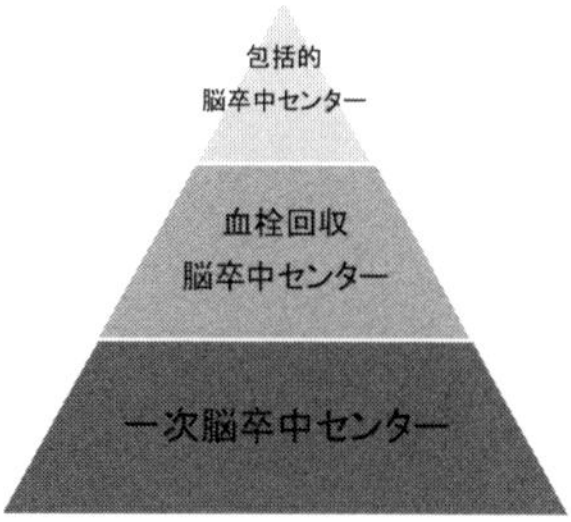

1）日本脳卒中学会が主導している。

2）脳卒中センターには、急性期から維持期までの切れ目のないリハビリとレスパイト体制整備が必要。

3）医療と社会生活や職業生活等との両立を考慮した、包括的な“脳卒中相談窓口”を設置する。

包括的
脳卒中センター
血栓回収
脳卒中センター
一次脳卒中センター

4）脳卒中相談窓口の構成員は脳卒中専門医・看護師・社会福祉士・PT・OT・ST・薬剤師・管理栄養士など。

5）脳卒中相談窓口では、その構成員がチームとして取り組み、脳卒中療養相談士が常駐する。

6）脳卒中センターの要件は、それぞれの役割を 24 時間 365 日発揮することである。当院の目標は③の充実である。

①一次脳卒中センター：tPA 療法が 24 時間 365 日可能

②血栓回収脳卒中センター：血栓回収術が 24 時間 365 日可能

③包括的脳卒中センター：脳梗塞・脳出血・くも膜下出血の予後を改善する治療が 24 時間 365 日可能

脳卒中療養相談士

1）脳卒中療養相談士は脳卒中の予防・治療・リハビリ・再発予防などの専門研修を受ける必要がある。
2）このテキストは、MSW 向けの脳卒中療養相談士の院内研修用として利用されることも想定している。
3）脳卒中の相談指導に向けて MSW は、脳卒中療養相談士の 2 回の講習を全員受け、資格を取得しておく。
4）脳卒中の診断・治療・発症再発予防・介護技術指導・継続療養など医学的な要素の強いものは看護師が対応。
5）介護保険・社会資源の活用（身障者手帳・障害年金など）・施設情報・受診や入院などの相談は MSW が対応。
6）必要時に、療法士（リハビリの相談指導）・管理栄養士（栄養管理の相談指導）・薬剤師（服薬の相談指導）が対応。

脳卒中相談の手順

1）脳卒中相談窓口の規程の構成員によりチームを結成する。
2）脳卒中相談窓口や電話での相談がきたら、まず地域連携室に振る。
3）地域連携室の MSW は、初期のインテークを行い、ID 登録と相談記録も作成する。
4）MSW はトリアージを行い、必要に応じて医師・外来看護師・各部署専門職（療法士・管理栄養士・薬剤師）へ振る。
5）定期的に、脳卒中相談窓口の構成員が集まり、検討会を開催し問題点を検討する。

第2章

ひとにやさしい面接の技能

2-1 MSW による面談時の心得
面談のための礼儀正しいコミュニケーションの取り方

2-2 傾聴の考え方と具体的な手法
ロジャーズの“傾聴の３条件”

2-3 MSW 業務はすべてカウンセリングとして対応する
ロジャーズのカウンセリング技術

2-4 脳卒中による心理的打撃への MSW による配慮
脳卒中患者は皆、心理的打撃を受けている

2-5 患者・家族からのクレームには必ず真実が隠れている
クレームに対する適切な対応はチーム医療の質を向上させる

2-6 MSW の“療養生活”の世話をしない立場を活かす
最もクレームを言いやすい相手は身体に直接触れない MSW である

2-7 MSW の面接記録ファイル作成時の注意点
患者との信頼関係で得た情報は院内でも守秘義務がある

2-1 MSWによる面談時の心得

MSWが状況を把握するために初回に面談するのをインテークといいます。病院では、主として入院後早期に行われます。脳卒中発症により患者や家族が動揺していることが多く、今後の面接・相談などでの信頼関係を築くための出発点としても重要です。その後も頻回に面談を行い、患者とともに今後の課題を共有していくことになります。ここでは、そのための、やさしく正しいコミュニケーションの取り方を学びます。

MSWによるインテークの面談時の心得

1) やさしい笑顔でやさしく接する。
2) 礼儀正しく対応する。
3) 敬語を正しく使う。
4) 患者・家族からの不満がある時は、すぐに謝る。
5) 自分が、病院の顔でもあることを自覚し対応する。
6) 話を聞きながら必ずメモを取る。

礼儀正しいコミュニケーションの取り方

1) 話そうとするジェスチャーをする（突然話すとびっくりする）。
2) 相手の目を見る（アイコンタクト[注1]が取れているか確認する）。
3) 話しかける（アイコンタクトを続けながら）。
4) 相手の表情を見て、意思疎通ができているか感じとる（注意障害[注2]がないか）。
5) 相手の立場にたって、理解できているか、感じとる（「心の理論[注3]」の機能）。
6) 相手の返答を聞き取る（できるだけメモを取る）。
7) 必要に応じて、何らかのコミュニケーション障害[注4]がないか評価する。

注１：アイコンタクトとは、対話中に無意識に目線がピッタリ合い無意識に追視すること。コミュニケーションに必須の機能。
合わない場合は脳障害や精神障害による症状の可能性あり。
注２：注意障害がある場合、アイコンタクトが外れていると聴いていないことが多い。
前頭葉の障害があると注意機能が低下する。
注意障害がある場合、選択・持続・転導・分配の４種の注意機能ごとに評価する。
注３：「心の理論」とは、相手の立場にたって理解できる機能。
他人との情報共有に必要な基本的な機能である。
注４：コミュニケーション障害は、言語性と非言語性に分類。
言語性コミュニケーション障害には、聴理解と表出・失語症・構音障害などがある。
非言語性コミュニケーション障害には、聴能機能・視力障害・触覚障害・ジェスチャー・状況理解の困難がある。
時に、失書（字をかけないが話せる）・失読（字を読めないが聴くことはできる）がある。
失語や高度難聴では筆談でコミュニケーションが可能となることがある。

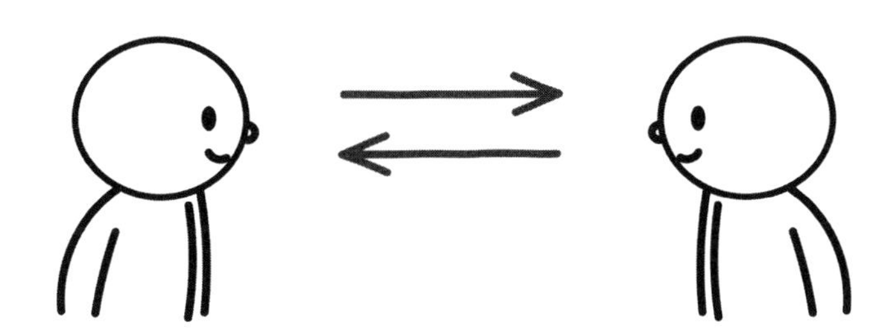

2-2 傾聴の考え方と具体的な手法

MSW は面接に際し、単なる質疑応答で情報収集するのではなく、相手の気持ちを受け止め共感する姿勢で実施することが、信頼関係を作る上でも重要です。ここでは、MSW の面接時に必要な聴取の技術として、ロジャーズが提唱した“傾聴”の三原則について学びます。この原則に沿った傾聴の考え方と手順の習得は MSW には必須です。

傾聴とは

1）傾聴とは、相手の話を聴くときの会話の奥深い技術のこと。
2）耳で聴き、目で表情・仕草・声の調子に注意を払い、背後の感情を受け止め共感を示すこと。
3）ロジャーズが展開したカウンセリングの技術の一部であり、心理学分野で用いられてきた。
4）医療現場では、看護師が直接看護として傾聴の用語を用いている。
5）MSW にも傾聴は重要で、対応相手は、患者とその家族である。

MSW が理解しておくべきロジャーズによる傾聴の 3 条件

1）**自己一致**

相手に対しても、自分に対しても誠実であり、聞き流さない。
話がわかりにくい時はその旨伝え、真意や内容の理解に務める。

2）**無条件の肯定的配慮**

MSW が、人それぞれの価値観の多様性を認め、相手の存在を受容する。

3）**共感的理解**

MSW 自身の“心の理論[注1]”に沿って患者・家族を理解する。

注 1：心の理論とは、相手の立場に立って接する姿勢であり、情報共有に必要な機能の一つ。共感 (empathy) はやさしい気持ちで相手の立場に立って理解することで、同情 (sympathy) ではない。

カール・ロジャーズ

(Carl Ransom Rogers, 1902-1987)

米国の臨床心理学者で、クライエント中心療法 (Client-Centered Therapy) を創始。カウンセリングを、単なる面接の技術でなく、人間関係の思想として展開し、心理療法の役割を持たせた。その考えは、カウンセリングだけでなく、心理療法・教育・紛争解決・平和などの分野へも影響。

2-3　MSW 業務はすべてカウンセリングとして対応する

MSW による脳卒中患者さんへのカウンセリングは、心理療法や心の悩みの相談とは異なり、傾聴を中心に、不安をもたらす課題を一緒に解決するための援助として行われます。利害関係があるとカウンセリングは成立しないので、日常的には身体的援助を行わない MSW にうってつけです。ここでは、MSW が学ぶべき脳卒中のカウンセリングの考え方と技能について学びます。

脳卒中のカウンセリングとは

1）脳卒中に関する専門的な知識に基づき行われる心理的側面を重視した相談援助である。
2）患者・家族は、脳卒中の発症と同時に心理的打撃を受け、多くの不安を抱えている。
3）不安には、経済的不安・社会的不安・存在不安・心理的不安がある。
4）退院先について患者と家族の意向に "ずれ"(乖離）が生じやすいので、MSW による調整が必要となる。

カウンセリングの目標

1）患者の自己実現獲得への援助が目的で、その人らしさの再獲得を目指す。
2）ゴールの設定は患者の希望・家族の意向に出来るだけ沿う。
3）本人の人生観・死生観、"自己超越"、超高齢者の "老年的超越" などに配慮する。

カウンセリングに必要な技能

1) 脳卒中について MSW に必要な医学的知識があると、病気による不安を患者と共有できる。
2) 身体障害について MSW に必要な知識があると、障害の状況が理解でき苦悩を患者と共有できる。
3) 高次脳機能障害は、ST と OT による心理検査結果が理解できると、心理面での対応に役立つ。
4) 心理的援助に向けた MSW のカウンセリング技術を習得すると、傾聴の技能も向上する。
5) 社会的手続きのための情報収集能力や経済的援助のための各種制度の活用能力が必要となる。
6) 以上は、“脳卒中相談員”としても必須である。

カウンセリングの思想と技法に関するロジャーズの考え方

1) カウンセリングには、カール・ロジャーズの思想と技法が参考になる。
2) 特に、“傾聴”についての考え方が、役立つ（ロジャーズの傾聴の３原則)。
3) MSW によるカウンセリングの対象は、脳卒中に見舞われた患者と家族である。
4) MSW 業務に役立つロジャーズの考え方。

①ひとに対する楽観的な見方。
ひとには自己実現する力が自然に備わっている。
カウンセリングとは、自己実現に向け可能性の実現を促す環境を整えることである。
患者・家族を無条件に受容し尊重する。

②良い人生とは存在(実存) の過程である。
現在の瞬間に生きることが重要。
自分を信頼し、自分の選択に責任を持つ。

いつも前向きの姿勢で自分にも他者にも遇する。

ロジャーズのカウンセリング技術のMSWによる活用

1）患者だけでなく家族もカウンセリングの対象である。
2）患者や家族の話を、適切に傾聴することが出発点である。
3）患者や家族がどのように感じ、どのように生きているかの理解に向け真剣に取り組む。
4）大変な状況であることを理解していることを伝える。
5）傾聴したメモ内容を復唱するなど、内容を繰り返し確認する。
6）MSW自身が共感し理解していることを伝える。
7）MSW自身の賢明さや知識を振り回したり、押し付けたりしない。

2-4 脳卒中による心理的打撃への MSW による配慮

ここでは、脳卒中による心理的打撃について学びます。脳卒中は、自分の脳が傷んだという気持ちと障害という体験などで心に多大な影響をおこします。一見何げなくしているように見えても、心の中には大きな不安感が潜んでいます。このことを理解することが、MSW が脳卒中患者に取り組む場合の、心理的サポートの出発点になります。

脳卒中の患者は必ず心理的な打撃を受けている

1）脳卒中は、文字通り脳に突然（卒然）にあたる（中る）体験である。
2）その時、個人差はあるもののほとんどの患者は、精神的なショックすなわち「心理的打撃」を受ける。
3）脳卒中は心理的打撃から始まる病気なのである。

心理的打撃による心理状態の理解

1）脳による身体症状（麻痺など）の経験が初めてだと、軽症であっても、本人のショックは大きい。
2）脳卒中の既往がある場合はさらに悲嘆することが多い。
3）麻痺の改善には、誰しもがこだわる。それを“障害の受容が乏しい”と批判されることがある。
4）障害が残るかもしれない・治らないかもしれないということは、簡単に受け入れられるものではない。
5）何とか完全に回復したいと願うのは当然である。
6）療法士に対し訓練を素直に受ける姿勢は、“何とか完全に回復させて欲しい”との思いからくる。

心理的打撃への MSW の役割

1）心理的打撃による持って行き場のない怒りへ配慮し、患者・家族の不安・不満を十分に傾聴する。
2）不安には、生活がどのように続けられるのか、元通りに職場復帰できるのか、家族の世話になるのか、介護できるのか、経済的にどうなるのか……などがある。
3）不満には、脳卒中になったことへの不満、生活上の予定が変更になったことへの不満などもある。

心理的打撃の評価手順

1）病前性格などの評価には、自己評価と家族からの評価のインテークが必要。
2）本人の病前の人生観・価値観や性格の自己評価などの確認も必要。
3）強迫症状の部位の病巣や、パーソナリティ障害の傾向がある場合は、特に注意を払い傾聴。

心理的打撃後の心理過程

障害受容の心理過程のモデルは次のようなものがある。

1）発症→ 心理的打撃→ 自暴自棄・否認・混乱→ 落ち込み→ 諦め・受容
2）ショック→ 回復への期待→ 悲嘆（無気力）→ 防衛（過去へのこだわり）→ 適応（障害は個性の一部）
3）ショック期→ 否認期→ 混乱期（怒り・悲しみ・抑うつ）→ 解決への努力期（適応）→ 受容期（再起）
4）障害による人間としての価値の喪失体験→ 価値の発見→ 健康な心理反応
5）障害があることを受容するのか、諦めるのかの２者択一ではなく、あるがままの自分を受容する。
6）障害の受容には、行動変容[注1]が必要である。

注１：適正な生活に影響を与える行動の獲得と実行。

心理的打撃によるうつ状態への取り組み

1) 当院の“うつ対策チーム”（看護師・療法士・医師）が、全入院患者のうつと希死念慮をチェック。
2) 検査には、POMS 2（気分評価検査）または JSS-D（日本脳卒中学会）を用いる。
3) うつ病・うつ状態には、早期発見・看護指導・早期治療（薬物療法）で対応。
4) 希死念慮の聴取は重要で、それ自身が自殺防止につながる。
5) 本人がうつ状態を自覚できていない場合も多い。
6) リハビリ拒否やリハビリをやる気がない患者のレッテルを貼られることもある。
7) 大うつ病の悪化の場合は、自殺リスクが高いので、症状悪化時は精神科へ緊急転院する。

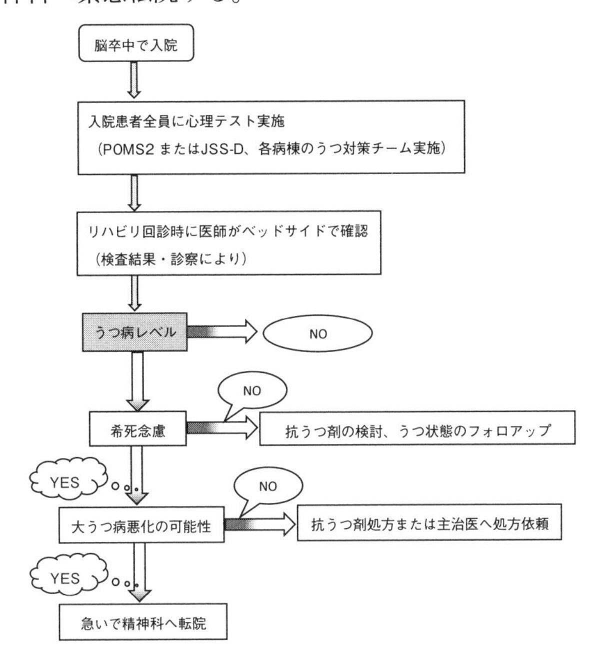

2-5 患者・家族からのクレームには必ず真実が隠れている

ここでは、患者・家族からのクレームの正しい考え方と対応について学びます。入院療養時に病院の対応に不満を感じ、MSW が苦情を聞かされることはよくあります。クレームはその情報をもとにより適切な療養生活が送れるように活用されなければなりません。決して、迷惑な患者・家族であるという対応をしないためにも、そもそもクレームとは何かということを学びます。

MSW へのクレームの訴えの特徴

1）クレームとは、病院の手続き・診療・療養生活などに不満があり苦情を言うことである。

2）患者・家族が MSW に訴えるクレームは、必ずしも担当 MSW への不満ではない。

3）患者・家族は強い立場にあるように見えても、基本的には弱者である。

4）MSW には直接に身体に触れる業務はないので、患者・家族は MSW にクレームを言いやすい。

5）MSW が病棟に常駐していないと患者・家族はわざわざ呼び出して貰うのは抵抗があり、その結果クレームは看護師に向かう。

MSW へのクレームの内容の真実とは

1）患者家族の不平・不安の内容には、必ず何らかの真実がある。

2）クレームをよく訴える人を、迷惑な患者・家族と捉えてはいけない。

3）職員による虐待や業務ミスが隠れていることがある（→謝罪や原因への対応策が必要）。

4）患者・家族の理解と病院側の対応との間に乖離が生じている場合もある。

5）モンスタークレーマーの場合、強迫性パーソナリティ障害[注1]も疑う。

注１：強迫性パーソナリティ障害の詳細については、「5-5 パーソナリティ障害がある患者や家族との付き合い方」を参照

クレームの原点は不安・不満

1）脳卒中になったことへの自分への不満。
2）今までの社会生活の予定や人生設計の予定が狂ってきたことへの不満。
3）将来への不安、漠然たる不安・再発するかもしれない不安。
4）“障害”の予後に対する不安と不自由なことへの不満。
5）強迫性パーソナリティ障害のある患者・家族は、多彩なことへのこだわりが強い。
6）事実関係でなく本人の心の内なる世界としての不満がある（患者さんの心の世界への思いやりが必要）。

クレームへの MSW の対応方法

1）MSW は病院の顔の一部である。
2）不平・不満が出たらすぐ謝る。不平・不満を持たせたことに対して謝罪する。
3）謝罪の言葉は落ち度を認めることになるわけではない。
4）必ず相手の目を見て謝る。できるだけ頭も下げる。
5）上から目線は避ける（下から目線の姿勢は看護技術から学ぶ）。
6）敬語を使う（友達のような言葉は避けよう）。
7）MSW が時間をかけて適切に傾聴するだけで良い場合もある。
8）無理難題が出たらクライエントと一緒に困る（YES/NO 以外の第３の答えは、保留や困ること）。
9）強迫性パーソナリティ障害の可能性を常に念頭に置く（その場合納得させようと説得するのはマイナス）。
10）他職種に対するクレーム（不平・不満）の記録は必要であるが、患者の不利益にならぬよう配慮する。[注2]

注２：面接記録でのクレームの記載については「2-7 MSW の面接記録ファイル作成時の注意点」参照。

2-6 MSWの“療養生活”の直接の世話をしない立場を活かす

入院療養生活での身体的世話は利害関係を発生させます。脳卒中患者へのMSWによるカウンセリングは患者から見てMSWと利害関係があると成立しません。適切なMSWのカンセリングの条件として理解しておきます。

MSWの療養生活の世話をしない立場の長所

1）病棟では、MSW以外の職種は、何らかの直接的な身体的“お世話”をしている。

2）それに比べ、MSWが身体に直接触れることはほとんどない（面談やカンファレンス時の搬送手伝い程度）。

3）それ故、患者・家族は、MSWに遠慮なく不平・不満を言いやすい。

4）MSWは、“療養生活の世話”をしない職種として、その有利な立場を活かすことができる。

療養生活の世話やリハビリ訓練など、体に直接触れる業務と影響

1）看護師の重要な業務は、“療養生活の世話”であり、直に体に触れる業務が多い。

2）介護職（ケアワーカー）も、看護師と協働して療養生活の世話をしている。

3）リハビリの療法士は、移乗動作時や各種動作訓練で直接触れることが多い。

4）受身的な対応を受けていると、不平不満を言うと不利益が生じるとの不安から我慢する。

【参考】 病棟で直接身体に触れるような療養生活の世話にはなにがあるか

1）看護師による世話

身体の清潔（入浴・清拭・陰洗など）
食事の世話と観察
排泄の世話と観察
身の回りの世話
自立の援助（病棟内リハビリ・自主トレ指導も含む）
ベッド周囲の清潔
バイタルサイン測定（血圧・脈・体温など）
褥瘡の防止・観察・処置

2）介護職による世話

入浴介助・清拭介助
食事介助
排泄介助（トイレへの介助・尿器や差し込み便器の介助・おむつ交換など）
更衣の介助
検査等への案内

3）リハビリ療法士による世話

訓練室でのリハビリ訓練時の身体への接触
リハビリ訓練時の転倒リスクに対する介助
ADL 動作の自立に向けた病棟内での動作訓練と指導

2-7 MSWの面接記録ファイル作成時の注意点

MSWが面接で得た情報は、外部はもちろんのこと、院内の職員に対しても守秘義務があることを学びます。情報には患者・家族との信頼関係から得たものが多いので、院内職員や外部の福祉関係者等と情報共有するとクライエントの不利益につながることがあり注意が必要です。特に、医師・看護介護への不平・不満は、傾聴の過程で得やすいものです。また、財産や家庭関係の情報の中には、行政関係と情報共有してはいけないものがあります。電子カルテに記載されたものは、IDを付与された職員が皆読むことができることを前提に、このような情報の院内開示についても配慮が必要となります。

“MSW面接記録ファイル”と個別の“情報ファイル”の意義

1）患者・家族から聞き書きする面接記録は、患者・家族と一緒に課題を共有するためには必須である。
2）コピーなど各種の資料は、“情報ファイル”ホルダーに保存する。
3）手書きの図示などアナログな資料は、迅速な対応に役立つ。

適切な面接記録はMSW内での代行にも必須

1）面接で得た情報を、プライベートな手帳やメモ・MSW自身の頭の中だけに保存してはいけない。
2）急に代行が必要になった場合、引き継ぎがなくても面接記録があれば対応できる。
3）チームとしてMSW業務を実施する際に、面接記録や資料があれば効率的に対応できる。

電子カルテへの記載時の注意点

1）電子カルテには、院内の他職種と共有すべき情報をファイル資料から簡潔にまとめ記載する。
2）院内他職種に公表すべきでない部分は個別ファイルで保管する。
3）電子カルテ記載のMSW記録は院内の多職種に開示され共有される。
4）診療情報管理上、電子カルテ記載のもののみを正本とすべきである。
5）個別ファイルは保存義務のない、カルテ開示請求に際しても開示しない“メモ”の位置づけである。

不平・不満の記録と利益相反[注1]の注意点

1）主治医・看護師・療法士への苦情は、電子カルテに必ずしもすべてが転載されるべきでない。
2）電子カルテへの掲載は、院内職員間へのカルテ開示であり、利益相反が、感情的にも発生する。
3）不平不満には“患者・家族が自らの権利を守る”要素がある。
4）MSWが信頼されて得た情報で他の職員に伝わると患者に不利益を生じるおそれがある場合は、個人情報保護の守秘義務が生じる。
5）非公開とすべき部外秘の情報は非公開の個別ファイルで保管する。

記録時の感情的表現の注意点と客観的表現

1）患者・家族からの感情的な発言は、できるだけ客観的に表現する。
2）発言した当人が読んでもよい表現に配慮し記載する。
3）本人・家族からカルテ開示が求められることを前提で記載する。

注１：利益相反（COI Conflict of Interest）とは、
1）互いの利益が相反することで、一方が有利で他方が不利益となること
2）MSWの立場では、「患者の利益 vs. 病院の利益」
3）患者の立場では、「患者の利益 vs. 家族の利益」

第3章

MSWの業務システムのあり方

3-1 全入院患者へのMSW・PT・OT・STの悉皆担当システム
入院時にすべての患者にMSWとPT・OT・STの担当がつく

3-2 脳卒中患者・家族への早期インテークの重要性と技術
患者・家族の不安を軽減するMSWの早期面談の技術

3-3 MSWの好ましい常駐場所は、患者の顔が毎日見える場所である
常時常駐し患者や看護師との頻回の顔合わせで信頼関係を深める

3-4 適切なMSW業務には、十分な人員確保と適切な配置が必須
MSWが懇切丁寧に対応するには十分な人員が必要

3-5 初期研修で理解すべきMSW業務に関連する各職種の業務
MSW業務で必要な病院の仕組みと各職種の業務

3-6 回復期リハビリ病棟のMSWはチーム医療のマネージャーである
回復期病棟のマネージャー役としてのMSWの業務・手順

3-7 回復期リハビリ病棟のリハビリ総合実施計画書作成手順
回復期リハビリ病棟のリハビリ総合実施計画書を取りまとめる手順

3-8 退院日の決定手順
退院予定を立てるのが困難な脳卒中患者の退院日決定の手順

3-9 退院日決定に際し発生する課題と対策
脳卒中の場合に退院日の決定を円滑に進めるための対策

3-10 MSWが知っておくべき入退院に関する医療制度の知識
入院や入院期間などの医療制度の規程

3-11 MSWに必要な入院費用と自己負担金の知識
患者さんの費用負担の制度

3-12 障害診断書類の作成は入院中の担当MSWが退院後も対応する
経済的援助につながる障害診断関連書類の知識

3-1 全入院患者へのMSW・PT・OT・STの悉皆担当システム

入院すると直ちにMSWとPT・OT・STの担当がつき、情報収集や評価を開始し、直になすべきことがあれば着手するのが理想的です。それにより、ゴールに向けた取り組みが早期から開始でき、初期の安静や不使用による廃用症候群も最小限に抑えられ、リハビリの治療効果も高まり、優れたアウトカムの結果が期待できます。当院ではそのような取り組みを全入院患者に行ってきています。ここでは、当院で実施している悉皆[注]対応システムについて学びます。

注：悉皆は「ことごとく」の意。

入院患者の悉皆対応

1）当院に入院すると同時に、すべての患者にMSWとPT・OT・STの担当が決まる。
2）入院直後からMSWが早期インテークを行い、療法士は超急性期脳卒中リハビリの評価と訓練を開始する。
3）早期の情報により早期に予後予測ができ、超早期からのリハビリ計画が実行可能となる。
4）早期からの情報収集により、退院先の可能性などが検討できる。
5）病床管理面で見ると、効率的な在院日数の調整が非常にスムース。
6）病院運営面でみると経営的にも良い結果が得られている。

必要なMSWの人員確保

1）悉皆対応には、十分な人数のMSWやリハビリスタッフが必要である。
2）当院の回復期病棟は56床であるが、4名のMSWが病棟専従として必要と考えている。

3）急性期病棟では2名の専従MSWと地域連携室の外来兼務のMSWが対応している。
4）MSWの人数が多いと、懇切丁寧でやさしいMSWの対応が実現できる。
5）病院は“医療相談窓口”の設置を義務付けられており、家族からの相談を直接受けている。
6）“脳卒中相談窓口”も設置しており、MSWも脳卒中療養相談士として対応している。

“MSW介入”の用語は当院では死語

1）“MSW介入”という用語は、必要時にMSWが随時割り込んで対応するという表現である。
2）悉皆対応をすると、結果的に“MSW介入”の用語は死語になる。
3）病棟看護業務としてMSWへの連絡業務が不要になり、看護師はそれだけ看護に専念できている。

MSWの過去の慣習と将来像

1）MSWは社会医療福祉部という部屋に常駐していた。
2）相談に際しては、主に看護師から依頼され出向いて相談に応じる習慣であった。
3）依頼を出さないと来ないし、依頼を出す権限を持つ人の制限があった。
4）このような状況から脱するためには、悉皆対応の仕組みが有効である。

3-2 脳卒中患者・家族への早期インテークの重要性と技術

インテークは、元々は取り入れるという意味ですが、MSWの世界では初回面談のことを指します。MSWはできるだけ早期に初回の面談（インテーク）を実施し、現状の状況と退院に向けた情報を早期から得ます。ただし、早期（遅くとも入院後3日以内）の面談を確実に実行するには、人員の十分な確保が必要となります。脳卒中の場合、インテークによる退院のための情報収集開始は、それなりの面接技術が必要となりますが、患者・家族の不安が軽減し在院日数も減少するなどの効果があります。ここでは、脳卒中の場合のインテークに関する考え方や手順などについて学びます。

早期インテークの必要性

1) 脳卒中は突然発症し、多くは身体や精神の障害を来たす。
2) 入院した直後は、患者・家族とも退院後どうするかということを考えるゆとりがない。
3) 入院時には症状悪化や生命的なリスクを医師から説明され、治療方法の同意を迫られる。
4) 予定されていた社会活動のスケジュール変更などもあり、心理的な余裕がなくなっている。
5) 入院時の入院診療計画は退院計画でもあり、退院後の行き先の明確化が求められる。
6) 退院に向けた情報収集や本人の希望・家族の意向の把握が早期に必要となる。
7) 早期インテークとその後の頻回の面談により、患者・家族の不安が緩和できる。

早期インテーク・早期リハビリ評価とゴール設定カンファレンスのシステム

1）入院直後から患者全員に療法士（PT・OT・ST）と MSW の担当を決める。
2）急性期病棟では、原則として入院後３日以内に全員が MSW の早期インテークを受ける。
3）入院後１週間以内には、全入院患者対象のゴール設定カンファレンス（毎週水曜日）が開催される。
4）PT・OT・ST・MSW の評価と情報に基づき、必要なリハビリ期間・退院日・退院後の行き先を暫定的に設定する。
5）その後も毎週、このカンファレンスで全入院患者について繰り返し各々の妥当性を再検討する。

早期インテークによる利点

1）傾聴により、ゴールに向けた自己実現の想いを確認でき、本人らしさの再獲得の援助ができる。
2）家族面談で、退院に向けた家族の意向や悩みを確認でき、実現可能なゴール設定が可能となる
3）“自宅でみる自信がない・体力が続かない・ギリギリで看ていた”などの家族の本音がわかる。
4）患者と家族の退院先の意向の乖離による家族の苦悩が緩和でき、退院間近の自宅復帰のドタキャンがなくなる（同時に、毎月のリハビリテーション総合実施計画書の説明も必須）。
5）結果的には、効率的な病床管理に結びつき、平均在院日数の短縮につながる。

早期インテーク時の注意点

1）入院直後に退院に向けた話をすると、患者・家族からの反応は必ずしも良いとは限らない。

2）医師の治療説明と並行して、“見えていない退院”に向けた内容の面談に、家族には抵抗がある。
3）家族の“それどころではない雰囲気”の中では、退院の意向は聞き辛く、重症である程その傾向が強くなる。
4）入院直後の面接で退院先の話をすると、時に家族を怒らせたり、持って行き場のない不満をぶつけられられたりする。
5）MSW はこの課題を、傾聴などカウンセリングの技能と、心のケアのスキルにより対応する。

病棟看護師の入院時面談の特徴

1）病棟看護師は、入院による療養生活上必要な情報を家族から聴取する。
2）重症であればある程、退院に関する話はほとんどしない。
3）看護師は“直接看護[注1]”として患者に寄り添う姿勢を守るので、なおさら曖昧になりやすい。
4）看護師は入院診療計画書の入院期間をさらりと説明し、病棟師長が入院期間の上限を提示している。

注 1：直接看護とは、看護業務（直接看護・間接看護・診療補助・連絡）の一つ。

この内容の学会発表

藤沢秀行・西田麻子・村上真紀・和田美紀・夏目重厚　脳卒中患者の家族への MSW の早期インテークの重要性：第 44 回日本脳卒中学会学術集会　2019

3-3 MSW の好ましい常駐場所は、患者の顔が毎日見える場所である

MSW は伝統的には、医療社会福祉部門として独立した部屋を拠点にしてきています。相談依頼の連絡があると出向くのですが、記録などの日常業務はその隔絶された部屋で行われます。その結果、病棟の看護師には、MSW への連絡業務が必要となります。当院では、外来も入院も常に職員や患者さんの顔の見える場所で実施しています。その結果として、患者さんや看護師との信頼関係は頻回の顔合わせで深まります。必要時のみ病棟に現れるのではなく、常時専従として常駐していることが大切なのです。専用の部屋に閉じこもってはいけなせん。ここでは、当院の業務場所についての意義を学びます。

MSW の業務場所の特徴

1）病棟担当 MSW は、それぞれの病棟のフロントカウンター部分に常駐場所がある。
2）外来担当 MSW は、地域連携室のエリアが常駐場所である。
3）地域連携室は外来部分の事務エリアにあり、医事課・診療情報管理課と同一フロアである。
4）地域連携室は外来と直結・隣接しており、医師とも毎日顔合わせができる。
5）院内には MSW 専用の独立したスタッフルームはない。
6）MSW は、相談時には院内各所に多数ある共用の相談室を効率的に使用している。

病棟の常駐場所の患者・家族への影響

1）MSW は患者と毎日顔合わせしている。
2）MSW は家族とも面会時に顔合わせしやすい。

3）あらためて、面談を申し込まなくてもすぐ MSW に会える。
4）看護師に MSW を呼んでもらう必要はほとんどない。

業務場所についての批判と当院の意見

1）MSW への心理的な負担が大きいのではないか。
→心理的な負担は生じていない。医療チームと離断した環境の既得権からの抵抗感であろう。
2）電話使用時などでは守秘義務が守れないのではないか。
→医師・看護師は、病棟の電話で配慮できており問題ない
3）保管書類の個人情報保護が守れないのではないか。
→鍵付き保管場所と取り決めがあれば問題ない。

他院からの見学者（主として看護師）の感想

1）自院では看護業務として実施していることの多くが、MSW により対応可能であることが理解できた。
2）医師への文書作成依頼や介護認定書類作成などの MSW による手配のシステムに興味があった。
3）特に連絡業務の軽減が助かる。

病棟看護業務への影響

1）看護師は、MSW に介入のお願いや連絡をする必要がない。
2）各種の相談・苦情は MSW が受け皿になる。
3）医師への文書依頼や退院調整の書類準備は MSW が対応する。
4）院内・院外の各職種への連絡調整は MSW がする。
5）看護業務のうち“連絡業務”が特に軽減し、それだけ看護に専念できる。

当院 MSW 自身の印象

1）担当患者に毎朝、顔合わせ声掛けができる。
2）家族来院時に毎回会うことで意思疎通が良好である。
3）高次脳機能障害や情動障害の患者さんの日常生活状況が把握しやすい。
4）電話使用について、必要時は場所を工夫すれば問題ない。
5）開放的環境による MSW の心理的ストレスは感じない。
6）退院後も当院の外来受診時に、MSW に会いに来ることが多く、退院後の状況が把握できる。

この内容の学会発表

早瀬裕子・生駒恵里・義田成美・夏目重厚　オープンカウンターへの MSW 常駐による回復期リハ病棟運営の効率化：回復期リハビリテーション病棟協会第 27 回研究大会 in 沖縄　2016

3-4 適切なMSW業務には、十分な人員確保と適切な配置が必須

MSWはやさしく懇切丁寧に対応しなければならないのですが、やさしさは、ゆとりがないと発揮できません。そのためには、十分な人員の確保が必要となります。人は、十分にゆとりがあると、十分に時間をかけてやさしく傾聴することができますが、少人数ではこなすだけとなり無理です。当院のMSWの人員確保の方針の目的はやさしいMSWを育てることなので、その意義を理解します。

MSWの人員配置に関する基本的な考え方

1）当院は“ひとにやさしい病院”を目指し、十分な人員数のMSWを配置する方針である。
2）人員が多い分だけ懇切丁寧な対応ができる。
3）当院の切れ目のない脳卒中の急性期・回復期治療システムのマネージメントにはMSWの関与が必要である。
4）入院申込時から退院後の継続的なフォローまで担当MSWがそのまま切れ目なく対応する。
5）全人的な対応を原則的に実行していくと、MSW業務は量的にも質的にも非常に多くなる。
6）回復期病棟では15対1の専従4名体制が必要となっている。
7）急性期病棟は、各病棟1名の専従と地域連携室MSWの兼務で運営している。

MSWによる病院の効率的な運営への貢献

1）病院全体の病床管理の効率化へ貢献している。
2）急性期・回復期を含めリハビリ目的の転院受け入れのマネージメントができている。

3）回復期リハビリ病棟全体の病床管理状態（空床予想・退院予定など）を常に把握している。
4）急性期病棟・回復期病棟の各平均在院日数の短縮につながっている。

MSW による回復期リハビリ病棟看護業務への貢献

1）他院では看護師により実施されていることの多い各種業務を当院では MSW が対応している。
2）病棟の窓口業務は主として病棟のフロントに常駐する MSW が対応している。
3）頻回の面談により、患者・家族からの種々の要望を調整している。
4）患者からの書類申込みはすべて MSW で対応している。
5）リハビリ総合実施計画書作成および説明のカンファレンスのマネージメントをしている。
6）家屋評価の日程・訪問のための車の確保・各部署との必要な調整などのマネージメントをしている。

MSW によるリハビリ療法士業務への貢献

1）他院では療法士により実施されていることの多い各種業務を MSW が対応している。
2）当院の詳細なリハビリ総合実施計画書の作成に関するマネージメントをしている
3）リハビリ回診時に医師指示を把握し、看護へ伝達している。
4）ゴール設定に必要な病前状態の情報収集をしている。
5）カンファレンスの準備・日程その他のマネージメントをしている。

回復期リハビリ病棟専従MSWの日常業務を看護業務[注1]に準じてみると

1）直接MSW業務：相談、カウンセリング、安全の確保、自律の援助。

2）間接MSW業務：カンファレンス結果の医師への報告・了解、MSW間の申し送り、MSW記録、家族の相談指導、ケアマネージャー・転院先施設との情報交換、療法士との情報交換。

3）診療補助：リハビリ回診時の医師指示の援助、医師指示の看護への伝達、障害関連書類作成上の援助など。

4）連絡業務：カンファレンスや家屋評価のマネージ、電話による連絡、メッセンジャー業務など。

5）その他

注1：看護業務（日本看護協会）には5分類あり。

①直接看：身体の清潔、入退院の世話、食事・排泄の世話・観察、身の回りの世話、自立の援助

②診療補助：医師の診療介助、呼吸循環管理、測定、諸検査

③間接看護：医師への報告・連絡、ナース間の報告・申し送り、記録、家族の相談指導、環境整備

④連絡業務：ナースコール、電話による連絡、メッセンジャー業務

⑤その他

3-5 初期研修で理解すべき MSW 業務に関連する各職種の業務

ここでは、MSW 業務を円滑に進めるために、病院の仕組みを理解し、チーム医療やチームリハビリを構成している各職種の業務と特徴を理解しておきます。医師についての注意事項は、リハビリに関する知識や理解の非常に良い医師もいますが、かなりの癖のある医師も多く、一筋縄では行かないことがあることを理解しておく必要があります。看護師は、看護部として軍隊のような強固な組織体制で運営されており、もともと MSW 業務は看護業務の中に含まれていたこともあり、それなりに注意する必要があります。リハビリの療法士は、必ずしも PT・OT・ST 間で意志一致しているとは限らないことや、医師とは異なる独断的な意見を示すことがあるので注意が必要です。管理栄養士は、リハビリ栄養などの活動があると、その能力が発揮されています。薬剤師は、やや閉鎖的な部分が多く、服薬指導などでも他の部門と協調することは乏しい傾向があります。これらの注意点を理解しつつ、各職種の業務がわかり、顔見知りになることにより、情報収集や調整など院内での MSW 活動が円滑に遂行できるようになります。

医師の特徴

1）MSW は主治医への随時報告や了解を得る機会多いので、各医師の癖と居場所の理解が必要。
2）医局に各医師の机があり秘書もいる。必要時その医師の業務場所を把握する必要がある。
3）医師とは、電話や対面での相談・入院判定会議結果の報告と了承などのやりとりの業務あり。
4）入退院の決定権限は主治医。転棟・退院は主治医または院長の決定（了解）が必要である。

5) 医療行為は変更も含めすべて医師指示が必要（リハビリ処方・薬剤処方・検査指示・食事指示など)。

看護師とは

1) 看護業務には、5分類ある(直接看護・間接看護・診療補助・連絡・その他)。
2) MSW業務は、看護師との業務上重複するものが多い。
3) 24時間365日の病棟管理をしているのは看護師だけ。他部署の当直は仮眠できる。
4) 業務中は、リーダーがその日の業務を把握している。治療上の問題は、リーダーに報告する。

介護職

1) 看護師は療養生活の世話が主体、介護職は快適な病棟生活が重要。
2) 正式には看護助手（看護補助者）で、看護師の指示のもとに介助する。
3) MSWは介護職とのやりとり少ないが、介護福祉士とは今後の接点が増えるであろう。

療法士：PT、OT、ST

1) 理学療法士の主な業務：基本動作（立ち上がり・歩行など）などに関する下肢・体幹機能訓練が中心。
装具外来にMSWも参加（装具の費用や生活保護の申請などで関与)。
2) 作業療法士の主な業務：上肢・手指訓練、応用動作訓練、高次脳機能訓練が中心。退院後の車の運転に向けドライブシミュレータ検査もする。
3) 言語聴覚士の主な業務：言語機能・高次脳機能・摂食嚥下機能の訓練。認知症外来もサポート。
4) MSWにとって、リハビリ訓練の必要期間は退院日決定に影響。

障害関連書類作成時には、身体測定や言語・高次脳機能の評価を依頼。退院時指導や短期集中リハビリ入院の調整にも関与。

管理栄養士

1）食事療法（特別食）、栄養評価、栄養指導を実施。
2）摂食嚥下療法に関与し、食形態の調整、嚥下訓練食、トロミ指導など実施。
3）MSW にとって、リハビリ総合実施計画書の記入、退院前の嚥下に関するトロミ指導などに関与。

薬剤師

1）主な薬剤師業務は、①薬剤処方 (薬剤払い出し、調剤監査)、②服薬指導、③薬品情報 (薬剤に関する情報、DI 室あり）
2）MSW にとって、持参薬のチェック、入院中の医師処方の変更などの調整、各種薬剤情報の取得。

臨床放射線技師

1）CT 検査、MRI 検査、X 線単純撮影、血管内治療あり、VF(嚥下造影検査）も担当。
2）当直は救急のために毎日している。
3）MSW にとっては、他院紹介時・転院時の添付画像データ (CDR) 作成依頼。

臨床検査技師

1）業務には検体検査 (血液・尿・感染症検査など）と、生理検査 (超音波検査・脳波など）がある。
2）院内の感染管理に際し、PCR、細菌培養検査、感受性検査に対応。
3）MSW にとっては、他施設申し込時・転院時に添付する血液検査や感染症検査のデータを依頼。

チーム・リハビリの模式図について

病院でのチームリハビリ実施に際しては、医師と患者が中心なのが、医師法・医療法・健康保険法など法的にも正しいのです（図A)。実際には、医師がほとんどリハビリに関与しなくても、入退院指示・リハビリ指示・リハビリ上のリスク管理指示・検査指示・薬剤処方指示などの義務があり、診断書や情報提供書などの書類の作成義務や医療の最終責任の義務があります。しかし、現実にはリハビリ医としての役割を必ずしも果たしているとは言えない実態も散見されます。

患者のみが中心になるような図解がよく見られます（図B)。一見、皆で取り組むという雰囲気が感じ取れ妥当のように見えますが、病院での医療である限りは、医師責任が不明確となり法的にも間違いです。

患者に加え患者・家族というように一括りにしていることも見受けますが、患者・家族間の利益相反の状況に合わないこともあり間違いです。家族は、あくまで患者の法的な代理人の場合に間接的に関与することになります。

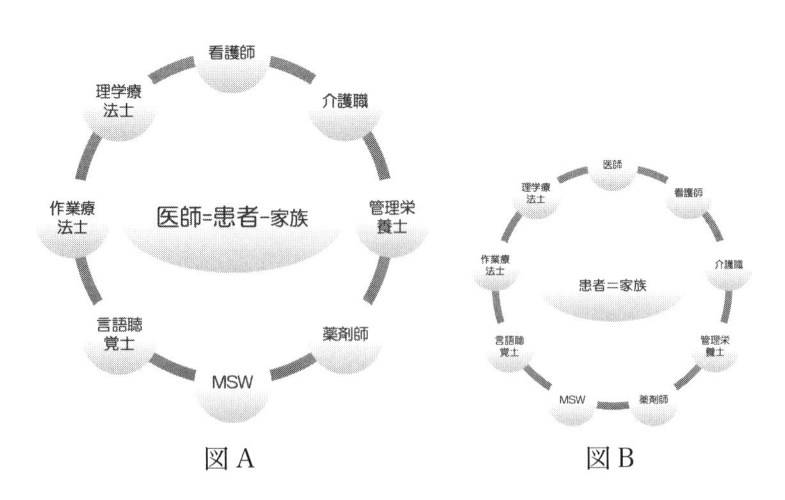

図A　図B

3-6 回復期リハビリ病棟の MSW は チーム医療のマネージャーである

チーム医療には、リーダー役（主に医師）とともに事務的に連絡・調整をするマネージャー役が必要となります。調整する内容には、カンファレンスなどの開催に際しては、院内各担当者への連絡・院外の家族やケアマネージャーや福祉事務所のケースワーカーなどへの連絡と準備書類の確認・開催日の決定・開催場所の予約確保・資料の準備などがあります。また家屋評価に際しても、院内担当者への連絡調整・家族との調整だけでなく、移動手段の車の手配と予約などもあります。書類作成については、医師やその他関係部署との連絡調整や障害関連書類の説明と作成時期などの検討も必要となります。これらの業務は、もともと、看護業務の中に含まれていましたが、MSW が対応することで、リハビリ病棟では看護師が看護に専念しやすくなります。ここでは、MSW によるマネージャーとしての業務について学びます。

チーム医療とは

1）病院は、多種の医療専門職からなり、患者へ最善・最良の医療を提供する義務がある。

2）チーム医療とは、多種の医療専門職が連携して治療やケアをすることである。

3）チーム医療の遂行には、多職種が協働[注1]して、計画や評価を検討し調整する必要がある。

4）検討するためには、日程・場所・各職種への連絡調整・資料の準備などのマネージメントが必要となる。

5）回復期リハビリ病棟では、チーム医療のマネージャー役は、MSW が適任である。

回復期リハビリ病棟 MSW のマネージャー業務

1）リハビリ総合実施計画書の作成カンファレンスと説明カンファレンスの日程・参加者連絡など。
2）リハビリ回診への参加・結果取りまとめと医師間の連絡調整の援助。
3）回診後の指示の確認と前週回診の薬剤処方の続行確認など（精神看護カンファレンスへの参加も）。
4）家屋訪問評価[注2]の取りまとめ（予定日の設定と確認・関係者への伝達と確認・車と運転手確保、但し報告書は療法士が作成する）。
5）病床管理の資料作成（病棟の空き状況・回復期病棟入院判定会議・病床管理会議での調整援助）。
6）医師の各種診断書や診療情報提供書などの作成援助と患者・家族への説明（医師へ作成用の資料と作成期限を提示）
7）クレーム等の傾聴と関連職種との相談・検討。
8）退院先の調査と調整（自宅・居宅施設・施設・転院先病院・継続リハの施設）。
9）退院後の継続療養の調整（かかりつけ医の確認、訪問リハビリ・通所リハビリなどの各種手続き）。

MSW による連絡業務対象（連絡・情報収集・調整）

1）院内の各医療専門職（医師・看護師・管理栄養士・PT・OT・ST）
2）院外の関連対象（家族、内縁、遠縁、ケアマネージャー、成年後見人、生活保護ケースワーカー、病院紹介先の予約）
3）退院後調整のための調整対象（退院後受診予約・情報提供書・障害関連書類作成、住宅確保のための家主や福祉担当者・復職のための会社関係者など）
4）公的機関への問い合わせ（福祉事務所・区役所高齢福祉課・あんしんすこやかセンター・年金事務所など）

回復期リハ病棟におけるマネージャーの役割分担

1）MSW は、チーム医療のマネージャー

2）看護師は、病棟管理と療養生活のマネージャー

3）療法士は、チームリハビリのマネージャー

注1：協働とは、一つの目的を達成するために、メンバーが補完・協力し合うこと。（新明解国語辞典第五版より）

注2：家屋評価は、退院後に自宅内で必要な ADL とその動作能力の必要性を評価すること。訪問する場合と写真判定の方法がある。Google マップからの建物の外観や周辺地域の状況などの情報も非常に参考になる。

3-7 回復期リハビリ病棟のリハビリ総合実施計画書作成手順

ここでは、MSWがマネージャー役として回復期リハビリ病棟のリハビリ総合実施計画書を取りまとめる際の考え方と手順を学びます。病院によっては、この計画書は、主としてリハビリ部門で作成されていることがあり、医師・看護師がほとんど関与していないこともあります。診療報酬上の必要性から形式的に作成され、適当に代表の療法士から説明があり、署名を求められることも多いようです。空欄が多いのも特徴で、3ヶ月に1回の割合で作成されると多くは入院時と退院時のみの計画書となり、実用性はほとんどありません。当院では原則的に1ヶ月ごとに作成し各療法士により丁寧に担当分野を説明する手順であり、管理栄養士もリハビリ栄養の状況について説明します。病棟生活でのFIMに基づくADLの状況は病棟看護師が評価し説明します。その結果、患者・家族がリハビリ訓練の進捗を理解し、ゴール設定や退院予定を何度も再検討するので退院に向けた不安も解消されていきます。また、セカンドオピニオンの資料としてそのまま活用できる内容になっています。

リハビリ総合実施計画書の作成

1) すべてMSWが取り仕切る（部署ごとの作成依頼、カンファレンス場所の予約、参加者へ連絡）。
2) 原則的に毎月、患者ごとに作成と説明のカンファレンスを開催（1ヶ月ごとにリハビリ訓練の進歩状況を確認し説明）。
3) ICF（国際生活機能分類）と、FIM（機能的自立度評価法）により評価する。
4) 看護師は、FIM評価を主体的に行い、合併症[注1]のコントロール状態を評価。
5) 管理栄養士は、リハビリ栄養の評価と計画を作成。

6）PT・OT・ST は、リハビリ評価と訓練計画を分担して作成。
7）MSW は、社会参加状況・心理状態・患者の希望・家族の意向・退院目標などを確認して作成。

注１：合併症の項目は、高血圧症・糖尿病・心疾患・呼吸不全・てんかん・ワーファリンコントロール・水頭症・胃瘻管理・その他

リハビリ総合実施計画書の記載基準

1）空欄を作らない。英語や略語は用いない。
2）診断名は、患者・家族にわかりやすい病名を記載する。
3）発症日が曖昧な時は、医師に確認し統一する。
4）障害老人・認知症老人の自立度評価は、介護保険申請の内容を記載する。
5）用語や表現は、患者・家族が読んで理解できるように配慮する。
6）家族状況・介護者状況の記載内容は、患者・家族が読んで不快にならないよう配慮する。
7）セカンドオピニオンに、そのまま持ってゆけるよう配慮する。

MSW による、患者・家族からの情報収集

1）社会参加状況については、現状だけでなく本人の人生で最も輝いていた時の職種・職位なども確認し記載する。
2）社会活動の目標には趣味や交友、デイサービス参加なども入れる。
3）家族関係や内縁関係はできるだけ具体的に確認する。
4）心理的状態は、病前性格の自己評価、うつ・不安・緊張を MSW の観察で評価する。
5）うつ状態の心理検査（POMS2[注2]・JSSD[注3]）、薬物療法（抗うつ剤）の有無を確認する。
6）身障者手帳・精神障害者手帳・障害年金などの可能性と作成時期を検討し記載する。

注2：POMS2日本語版：気分プロフィール検査の第2版　Profile of Mood States 2nd edition
注3：JSS-D脳卒中うつスケール：日本脳卒中学会Stroke Scale委員会　脳卒中治療ガイドライン2015

退院に向けたゴールの確認

1）退院先が自宅か施設か決めかねている場合は、自宅復帰の可能性を確認する。可能性なければ施設。
2）患者の希望は、自己実現を意識させるよう傾聴し確認する。
3）家族の希望は、意向だけ出なく、介護不安や期待感なども含め傾聴し確認する。
4）退院日は、目標日・予定日・決定日の3段階で確認する。
5）退院時の目標は、何ができれば退院できるかという条件[注4]を確認する。

注4：自宅復帰ではトイレ動作と屋内歩行の自立を優先、施設入所では食事動作の自立・嚥下機能の状況を優先

計画書の“作成カンファレンス”

1）担当の医師・看護師・MSW・PT・OT・STが一同に集まる。
2）カンファレンスの準備と議事進行はMSWが担当し、最終的な取りまとめは医師が行う。
3）あらかじめ電子カルテに原案を各職種で記入しておき、打ち出しておく。
4）1件約15分で妥当性を討議し修正点をまとめる。
5）1ヶ月ごとに再評価し作成する。

計画書の“説明カンファレンス”

1）作成カンファレンスのメンバーと患者・家族・ケアマネージャーが一堂に集まる。
2）作成カンファレンスから1週間以内に開催する。

3) MSW が議事進行を取りまとめ、MSW・看護師・PT・OT・ST がそれぞれの分担部分を説明する。
4) 医師は必要時のみ参加。（細かい疑問点は医師がいないほうが聞きやすい）
5) 患者・家族からの様々な質問に答える。
6) 退院先や入院期間についての患者の希望と家族の意向を毎回確認する。
7) 退院目標日の妥当性を協議し、よければそれを退院予定日とする。

吉田病院　回復期リハビリテーション病棟　リハビリテーション総合実施計画書　　4ヵ月目

計画評価実施日：　20XX 年 11 月 X 日

患者氏名：〇〇 〇〇	男性	生年月日 19XX/X/XX	(66 歳)	利き手 ☑右 □左

主治医	吉田 泰久	ﾘﾊ担当医	夏目 重厚	PT	藤原 正盛	OT	清水 純弥	ST	堀川 早苗	看護	森下 和代	栄養士	垣谷 知佐	SW等	早瀬 裕子

診断名	合併症(コントロール状態)：	リハビリテーション歴：
脳出血(右被殻) MSW 記入 発症日　20XX 年　7 月　1 日 入棟日　20XX 年　7 月　21 日	☑高血圧症 (□良好 □不安定 ☑要注意) □糖尿病 (□良好 □不安定 □要注意) ☑心疾患 (□良好 □不安定 ☑要注意) □呼吸不全 (□良好 □不安定 □要注意) □てんかん (□良好 □不安定 □要注意) □ﾜｰﾌｧﾘﾝｺﾝﾄﾛｰﾙ (□良好 □不安定 □要注意) □水頭症 □胃瘻管理 □その他 看護師 記入	□脳卒中の既往 (□有 □無) ☑骨折の既往 (□有 ☑無) □人工関節の既往 (□有 □無)
障害老人の日常生活自立度：A2		認知症老人の日常生活自立度：Ⅰ

	評価項目・内容		短期目標(当院入院中)	治療計画(具体的アプローチ)
心身機能・構造	意識障害(GCS)　15 点 見当識障害：(□有 ☑無 □不明) 記銘力障害：(□有 ☑無 □不明) 注意障害：(□有 ☑無 □不明) 発動性障害：(□有 ☑無 □不明) 遂行機能障害：(□有 ☑無 □不明) 半側空間無視：(□有 ☑無 □不明) 音声・言語障害：(☑有 □無 □不明)	認知機能低下認めず。 ST 記入 軽度の構音障害	スムースな発語	継次的な高次脳機能評価 言語療法
	摂食嚥下機能障害 (□有 ☑無 □不明)		□摂食機能の改善	□摂食嚥下機能療法
	☑中枢性麻痺： ﾌﾞﾙﾝｽﾄﾛｰﾑ・ｽﾃｰｼﾞ 右上肢：　右下肢： 右手指： 左上肢：Ⅲ-Ⅳ　左下肢：Ⅲ-Ⅳ 左手指：Ⅱ-Ⅲ 感覚障害：(☑有 □無 □不明) 関節可動域制限：(□有 ☑無) 筋力低下：(☑有 □無) 握力：右 39.5 kg　左 0 kg 疼痛：なし 呼吸障害：なし	左上下肢に重度の運動麻痺 左上下肢に軽度の感覚障害 四肢・体幹の筋力低下 バランス機能の低下 OT 記入	麻痺側の操作能力の向上 関節可動域の維持・拡大 四肢・体幹の筋力増強・筋力向上 バランス能力の向上 日常生活動作(ﾄｲﾚ・入浴・食事・更衣・整容)の獲得 運動に対する耐久性向上	左上下肢機能訓練 促通反復療法(川平法) 物品操作訓練 関節可動域訓練 筋力増強訓練 バランス訓練 トイレ動作訓練 入浴動作訓練 更衣動作訓練 片手動作訓練 持久力向上訓練
	排泄障害：(□有 ☑無 □不明) 褥瘡：(□有 ☑無 □不明) その他：		□自己コントロール □褥瘡発生防止	
基本動作	座位：☑自立 □一部介助 □全介助 □未実施 □物的支持あり(□自立 □介助)		回復可能な限り機能レベルの改善を目指す	起居動作訓練
	椅子からの立ち上がり：□自立 □一部介助 □全介助 □未実施 ☑物的支持あり(☑自立 □介助) 立位保持：□自立 □一部介助 □全介助 □未実施 ☑物的支持あり(☑自立 □介助)		端座位の自立 安全な立ち上がり動作の自立 立位保持の自立	端座位訓練 立ち座り訓練 体幹機能向上訓練
	平行棒内歩行：□自立 □一部介助 □全介助 □未実施 ☑物的支持あり(□自立 ☑介助)	PT 記入		
	室内歩行：□自立 □一部介助 □全介助 □未実施 ☑物的支持あり(□自立 ☑介助) 階段昇降：□自立 □一部介助 □全介助 □未実施 ☑物的支持あり(□自立 ☑介助) 屋外歩行：□自立 □一部介助 □全介助 ☑未実施 □物的支持あり(□自立 □介助)		屋内歩行の自立 バランス機能向上による歩行の安定性向上 階段昇降の獲得 屋外歩行の獲得	屋内歩行訓練 バランス訓練 階段昇降訓練 早期装具療法 屋外歩行訓練 歩行距離の延長
	活動度 (リハビリテーション訓練実施時の危険因子)		着座・方向転換時の転倒リスク 歩行時の転倒リスク	体幹機能障害による転倒リスク 過剰な運動負荷による心不全のリスク

活動	ADL(FIM)		開始時	現状	状況の特記事項	短期目標	具体的アプローチ
	セルフケア	食事	6 /7	7 /7	自立	病棟内自立	看護による病棟内応用
		整容	5 /7	7 /7	自立		
		清拭	3 /7	4 /7	背臀部修正介助	洗体動作獲得	洗体動作訓練
		更衣(上半身)	1 /7	7 /7	上衣・下衣共に自立	看護師記入	
		更衣(下半身)	1 /7	7 /7			
		トイレ動作	1 /7	7 /7	自立		
	排泄	排尿管理	4 /7	7 /7	排尿失敗なし	自立	経過観察
		排便管理	5 /7	7 /7	排便失敗なし		
	移乗	ﾍﾞｯﾄﾞ・車椅子移乗	4 /7	7 /7	自立		理学療法で基本動作訓練
		トイレ移乗	4 /7	7 /7	自立		作業療法で応用動作訓練
		浴槽・ｼｬﾜｰ移乗	2 /7	5 /7	またぎはﾊﾞｽﾎﾞｰﾄﾞ使用し自己にて可	手すりを使用して入浴動作獲得	看護による病棟内応用
	移動	歩行・車椅子	1 /7	6 /7	日中ﾛﾌｽﾄﾗﾝﾄﾞ杖遠位・夜車椅子自立	病棟内杖歩行自立	集団起立訓練の参加
		階段	1 /7	1 /7	病棟では未実施	転倒ﾘｽｸの軽減	転倒ﾘｽｸの自覚を促す
	FIM運動項目	計	38/91	79/91			
	ｺﾐｭﾆｹｰｼｮﾝ	理解	7 /7	7 /7	複雑な内容の理解可能		
		表出	6 /7	6 /7	構音障害あるが複雑な内容の表出可能	スムースに発語できる	言語療法
	認知 社会的	社会的交流	7 /7	7 /7	社会性は保たれている		
		問題解決	3 /7	7 /7	内服薬は薬袋自己管理		
		記憶	6 /7	7 /7	毎日の日課や依頼を忘れず行動出来る		
	FIM認知項目	計	29/35	34/35			
	FIM 合計点		67/126	113/126			Ver.20180401

	評価	短期目標(当院退院までの目標)	対応策(具体的アプローチ)
リハビリ栄養	身長 ： 162.5 cm　体重 ： 56.7 kg(1 /1) BMI ： 21.5　ALB ： 4.1　CRP ： 0.02 (10/19採血) 栄養補給方法 ： ☑経口　□補助食品 □経管栄養　□中心静脈栄養　□点滴 嚥下調整食の必要性 ： ☑無　□有 栄養状態 ： 問題なし (食事10割摂取) 現体重維持量 ： 1,677 kcal, 蛋白質 63.9 g 総摂取栄養量 ： 2,000 kcal, 蛋白質 85 g	摂取栄養量 ： 1900 kcal ALB値目標 ： 4.0以上　の維持 目標体重 ： 58.0 kg　BMI22.0を目標 栄養補給方法 ： 管理栄養士記入 その他 ： 適正体重　58　kg (BMI　22　で算出) 目標摂取栄養量は栄養・体重維持目的の為に現体重維持量に250kcalを足して目安量を算出	☑サルコペニア評価(Inbody評価) □低栄養状態の評価(ALB,CRP) ☑体重測定 ☑リハたいむゼリーの服用 □BCAA含有 栄養補助食品の服用 その他 ： 常食(主食：ご飯、副食：形)2000kcalを提供
参加	職業(□無職 ☑休職中 □専業主婦) 仕事内容: 建設業で重機の運転を主にしていた。 自動車運転の必要性 (☑有 □無) 免許証取得 (☑有 □無) 社会参加及び余暇活動 : 競馬、パチンコ、麻雀、釣り	復職希望(□有 ☑無) 社会活動: 日常生活動作に向けた持久力向上。 その他:	☑目標に沿った理学療法 ☑目標に沿った作業療法 ☑目標に沿った言語療法 ☑家庭内役割に向けた検討 ☑趣味の復活に向けた検討 自動車運転適性相談窓口の案内。
心理	病前性格(自己評価): 真面目 うつ気分 (□有 ☑無) 不安状態 (☑有 □無) 緊張状態 (□有 ☑無)	心理状態の安定 リハビリへの意欲向上 社会復帰への意欲持続	心理的サポート POMS気分検査(済)
環境	入院前の居住環境: □戸建 : ☑集合住宅(5 階 エレベーター □あり ☑なし) : 集合住宅2階(エレベーターなし)へ引っ越しされる。 家族環境: 妻と長女との3人暮らし。 (入院前は広島県で単身赴任生活)	退院後の行き先: 自宅 自宅改修の必要性 □不要　□改修済　☑検討中 □要 : 社会保障サービスの理解 □不要　☑身障手帳　□障害年金 □その他 介護保険認定の申請: □不要　☑要 : □申請中　☑認定済:介護度(　要介護2　)	□リハスタッフの退院前訪問 □検討中 □調整中 □予定 (/) □実施済(/) ☑身障手帳申請指導 ☑指導予定　□検討中 □申請中 (申請日 /) □取得済(身障手帳の等級:) ☑介護保険申請指導 □指導予定 ☑指導済 □障害年金申請指導 □指導予定 □指導(申請予定時期)
第三者の不利	家族の状況: 妻がキーパーソン。 長女は仕事しており土日が休み。 長男と次男も仕事しているが同居はしていない。 介護者の状況: 妻はパート勤務。水金日が休み。	退院後の主介護者の及び介護者の検討 ☑不要 □要 :	☑家族への相談指導 ☑退院前調整カンファレンスの準備 ☑介護保険サービス説明・指導

退院(転院)時の目標	本人の希望
退院(転院)時の目標: 屋外杖歩行の獲得・階段昇降の獲得 トイレ動作の自立 片手動作の向上 退院(転院)までの入院期間見込み: ☑当面　xx / xx 目標 □　/　予定 □　/　決定	本人の希望: 自分の足で歩きたい。 働けるところがあればまた仕事はしたい。 MSW 記入 家族の希望: 留守番が出来ないと困る。 自分の力で立って歩けるようになってほしい。 家でじっとしているタイプではないので簡単な仕事をしてやりがいを持って過ごしてほしい。

リハビリテーションの治療方針	外泊訓練の必要性
リハビリテーションの治療方針: 回復可能な限り脳神経機能の改善を求める 麻痺側上下肢の機能の改善 日常生活動作の向上 社会復帰に向けた持久力向上	外泊訓練の必要性: □不要　□要　□済(/)　☑検討中 自宅外出訓練: □未　☑検討中　□済(/)

退院後のリハビリテーション計画
☑自宅で継続(自主トレの継続)　□外来ST通院　☑通所リハ・デイサービス・訪問リハビリテーションの検討
□その他:

退院後の長期的な見込みと対策	職種
退院後の長期的な見込みと対策: ☑自宅復帰 (☑加齢による筋力低下　□閉じこもりによる心肺機能低下 ☑廃用症候群の予防　□栄養障害による筋力低下) □要介護状態 ☑復職・復学(☑復職・復学に向けた持久力の向上　□特殊技能の向上 □復職・復学に向けた知的機能の改善)	職種 MSW・PT・OT・ST・看護師・管理薬剤師 説明者署名 (代表者) MSW ○○ ○○

本人・家族への説明	説明を受けた人
本人・家族への説明: ○年　○月　○日	説明を受けた人: ☑本人 ☑家族 ( ) 署名: ○○ ○○

3-8 退院日の決定手順

脳卒中ほど退院予定を立てるのが困難な疾患はありません。特に身体や精神の障害が発生するので、経過をみないと退院時期は何とも言えないという不可知論からくる結果管理が横行します。ここでは、当院の退院日決定の手順を学びます。まず入院時には入院治療の必要性を踏まえて主治医の大まかな入院期間が決定されます。入院と同時に、理学療法士・作業療法士・言語聴覚士の評価およびMSWのインテーク情報に基づき、取り敢えずリハビリ入院必要期間が設定されます。その上で、患者・家族とも協議し具体的な日にちを決めます。これを毎月の再評価で繰り返し再確認します。DPCや回復期病棟入院料の基準により期限が来たら退院してもらうのではなく、原則的かつ患者中心の取り組みとして対応します。退院日の決定は、患者・家族にその決断を迫るべきものではなく、協働で進めるものです。

“入院診療計画書”の入院予定期間から算定した退院予定日を明記

1） 急性期病棟の入院時に医師は、入院診療計画書の作成義務がある。（1週間以内に作成）
2） 入院診療計画書の“予定入院期間”に従い、退院予定日を機械的に計算して何月何日と付記。[注1]

注1：約2週間なら14日後の○月○日と記入。時々、医局会での再確認が必要。

“ゴール設定カンファレンス”で全入院患者の退院日設定

1） 毎週水曜日朝8時から、急性期・回復期の全入院患者のリストを作成し検討している。
2） 療法士は、計画したリハビリ訓練の必要期間を○月○日まで必要と記載し、それが退院予定日となる。
3） “長期的リハビリが必要”な場合、回復期リハ病棟（当院または他院）か療養施設の方向などを決定。

4）急性期病棟では、取り敢えず“現状の ADL”をゴールとして退院日を設定。

5）手術などの治療による ADL の変化が予想される場合、現状をゴールとし結果が出たら再検討する。

6）回復期病棟では、“リハビリ総合実施計画書カンファレンス”で退院の目標日を決定。

回復期リハビリ病棟の“３段階方式”の退院日決定手順

1）リハビリ総合実施計画書には、回復期リハ病棟入院料の基準に基づき、入院期間の上限日を記載。

2）同時に、退院の目標日・予定日・決定日のいずれかを記載。

3）退院目標日は初回の計画書作成の際に、提案として取り敢えず患者・家族の意向を確認せず記載。

4）初回のリハビリ総合実施計画書説明カンファレンスで患者・家族の意向を確認して修正し予定日とする。

5）リハビリ総合実施計画書の説明カンファレンスは毎月実施し、その都度退院予定日が妥当か再確認し、必要に応じて変更する。

6）達成可能な予測が必要で、退院先に必要な機能的ゴール・ADL のゴールなどを確認（達成不可能なゴール設定は悲劇を招く）。

7）各担当 PT・OT・ST は、退院時のゴール達成に必要なリハビリ訓練の必要日数を決定。

回復期リハ病棟の退院の最終的な決定

1）MSW は、退院後の手続きや調整も配慮し退院日を具体的に確定する。

2）手続きとしては医師の最終決定が必要。

3）病床管理の計画上も非常に重要なので、退院前カンファレンスまでに決める。

急性期病棟入院から回復期病棟までのフロー図

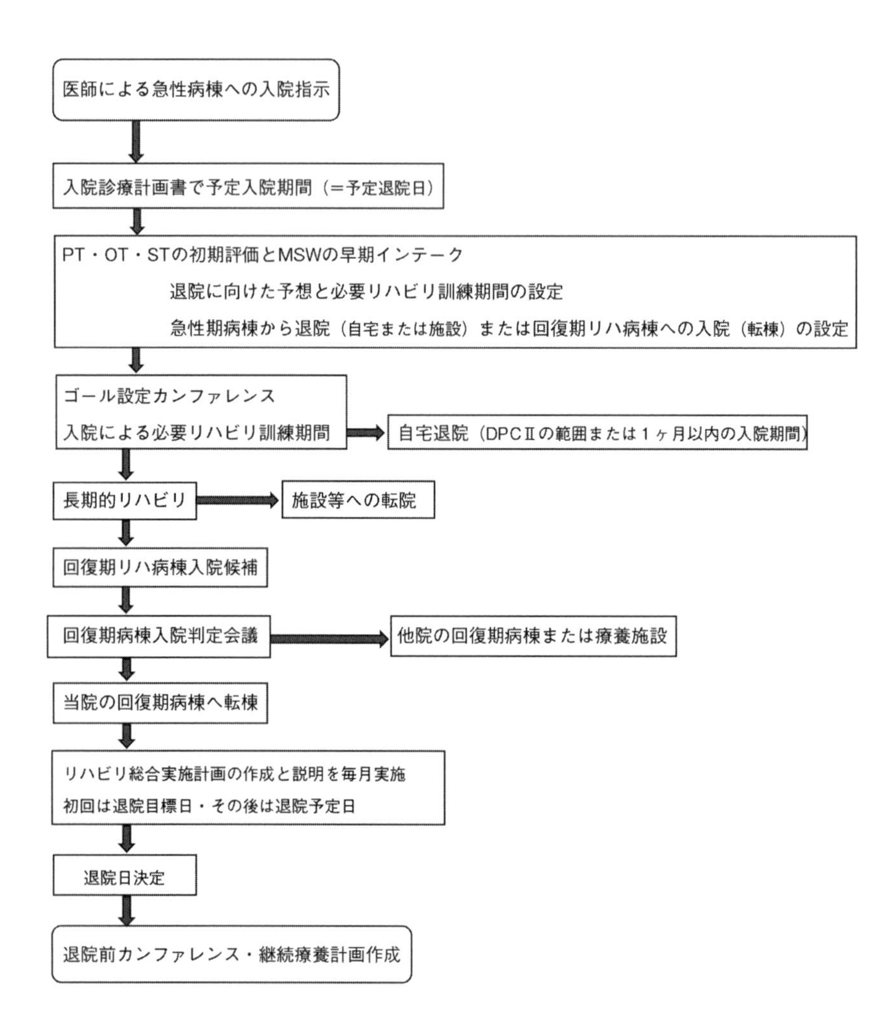

他院の急性期病棟から当院へのリハビリ目的転院の場合のフロー図

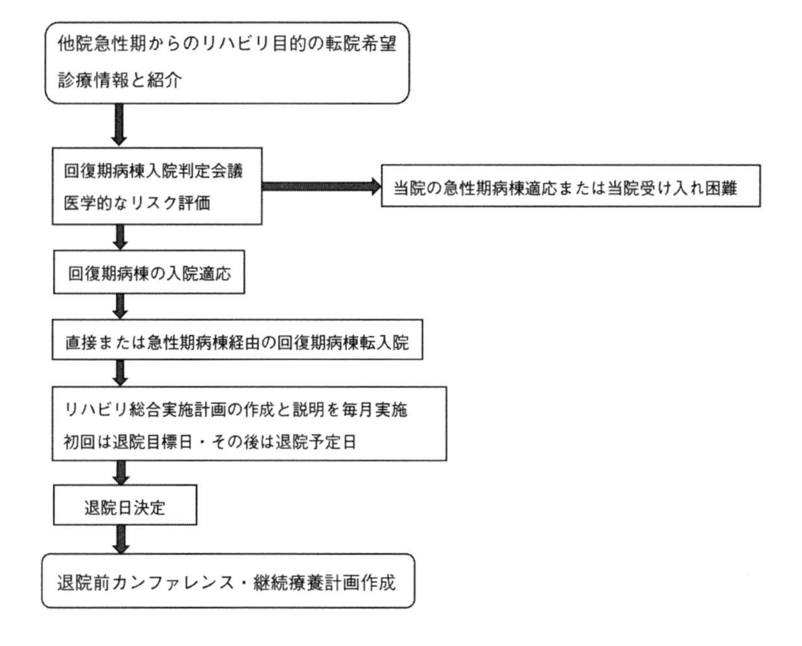

3-9 退院日決定に際し発生する課題と対策

脳卒中では、退院日の決定がなかなか進まない事態がよく発生します。ついそのままにしていると、土壇場で行き詰まることになりかねないので、その要因を理解しておく必要があります。それは、患者・家族・主治医・療法士・MSWの相互の中での、考え方の不一致がほとんどです。その際は、患者本人の復帰への想い、家族の生活上での思惑、主治医としての入院治療方針の必要性の考え方、療法士によるリハビリ訓練による改善の可能性の把握、MSWの計画遂行の把握などで、ずれが生じていることがあります。その結果、本人・家族の心理面での苦悩が深くなることがあるので、頻回の面談など、十分な対応が重要です。ここでは、退院に際し発生する課題について学びます。

退院日決定の不安定要因

1）入院直後の患者・家族の混乱とMSWへの非協力（“退院のことなど今は考えられない”）。
2）医師・看護師の治療への専念（“治療に忙しく、それどころでない”、“落ち着いてから検討する”）。
3）脳卒中の予後予測の不確実性、時として不可知論や結果論（“経過をみないとわからない”、“治るかどうかわからない”）。
4）医師の裁量の不統一（一般的には、主治医ごとに多様な方針がある）。
5）医療制度による入院期間の制約（急性期はDPC入院期間、回復期は回復期リハ病棟入院料の規定）。

退院日の曖昧さによる患者・家族の心理面への影響

1）仮の退院日が決めてあると、それを前提に具体的な退院日の交渉となり、前進しやすくなる。
2）家族内での思惑の相違がある場合、“退院日の提示”がないとまとまらない。

3）退院日決定の曖昧さは、患者または家族に苦痛をもたらすことがある。

4）行き先については、患者の希望と家族の意向が乖離していることがある（家族内の倫理的ジレンマ）。

5）家族の経済力や介護力、家族内での意見の相違、権限が不明確なキーパーソンの介入などが混乱を招く。

6）親族・友人・介護関連職など他人からの不適切なアドバイスがあるとさらに混乱する。

7）自宅の改造などが、期日や計画が明確でないまま退院の条件になっている場合も混乱する。

8）障害者用住宅などへ転居することが、具体的な計画が明確でないまま条件になっている場合も混乱する。

退院日の明記による責任と役割分担の明確化

1）療法士には、一緒に決めた退院日までのリハビリ目標達成の責任を持たせることになる。

2）患者には、自身のリハビリへの取り組み責任を意識させることができる。

3）家族には、退院に向けた準備の責任を明確に提示できる。

4）看護師には、退院後の継続療養計画立案の策定責任を意識させることができる。

5）MSWには、退院先の調整・継続医療先の調整・社会資源の活用などの計画遂行の責任が出てくる。

この内容の学会発表

早瀬裕子・浜川明子・夏目重厚他　退院を前にして生じる自宅復帰受け入れ困難へのMSWの役割：回復期リハ病棟協会第29回研究大会　2017

3-10 MSWが知っておくべき入退院に関する医療制度の知識

ここでは、“入院とは何か”、“入院期間はどのような医療制度で決まるのか”、などのMSWに必要な知識を学びます。現在の医療は、法律・法令・条例などによる事細かい規程で成り立っており、治療費につながる診療報酬制度なども、要件を満たさないと支払われません。また、治療責任に関する医療上の指示権限も明確にされています。入退院へ関わる場合は、これらの知識と原則を把握しておく必要があります。

入院とは

1）入院は、医師が“入院診療の必要性”を認めた場合のみ、医師指示で決定できる。
2）入院診療に関する入院の決定と退院の最終決定は、医師の指示権限である。
3）入院診療計画には入院期間が記載されるので、自ら（おのずか）退院予定日と退院計画が決まる。
4）入院治療の必要のない介護のための“社会的入院”は、認められていない。
5）介護する家族の援助として預かる“レスパイト入院”は別制度。
6）長期入院を望む家族は、制度上の入院期間は預けることのできる権利の期間と誤解していることがある。
7）多方面からの家族への不適切なアドバイスが、入院期間に影響することが多い。

急性期病棟（一般病棟）の医療制度

1）急性期病棟の入院は、DPC制度による支払い方式で運営される。
2）DPC[注1]は、病名と治療内容で分類され、1日あたりの入院費用と包括評価入院期間[注2]が決まる。
3) 病名は国際疾病分類のICD-10[注3]を使用する。
4) 従来の出来高払い方式が、定額払い方式（“包括”や“まるめ”と表現）に変わった。
5) MSWの人員と質の充実は、平均在院日数の短縮やDPC入院期間の管理に貢献している。
6) 療法士の人員の充実は、訓練量の増加に伴う出来高払いの増加として病院収入に大きく影響する。

注１：DPCは診療群分類包括評価(Diagnosis Procedure Combination)の略語
注２：DPCの包括評価入院期間にはⅠ～Ⅲまで３段階ある。Ⅱまでの患者数が何%かが重要。
　DPC入院期間Ⅰ　Ⅱより短いと加算される。
　DPC入院期間Ⅱ　Ⅱが中心でその診断群分類の全国平均在院日数に基づく基準。
　DPC入院期間Ⅲ　Ⅱを超えると減算される。
注３：ICDはWHOが作成する「疾病及び関連保健問題の国際統計分類(国際疾病分類)」で、病因・死因を分類。
　統一的な診断概念や診断基準を提示する。ICD-10はその第10版。

回復期リハビリ病棟の医療制度

1) 回復期リハビリ病棟の入院は、回復期リハビリ病棟入院料の算定要件に沿って運営される。
2) 最大の入院上限日数は、脳血管疾患・頸髄損傷などが180日（6ヶ月）、骨折で90日（3ヶ月）。
3) 当院は、最良のリハビリ訓練環境が提供できる入院料1の運営をしている。
4) 入院料1では、専任医師・専従社会福祉士・専任管理栄養士・専従PT/OT/STが必要。
5) 入院料1では、アウトカム評価としてリハビリテーション実績指数[注4]が40以上のリハビリ訓練効果が必要。不必要に入院料を増やすと維持できなくなる。
6) 入院料1では、入院時の重症患者(日常生活機能評価[注5]10点以上またはFIM55点以下）が3割以上必要。軽症～中等症のみを受けると維持できなくなる。発症に早期の入院（転棟）が有利。

注４：リハビリテーション実績指数とは、入棟から退棟までのFIMの改善度によるアウトカム評価

注５：日常生活機能評価とは、入院患者の日常生活自立度を評価。13項目あり、最大値19点、自立度が高いと点数が低い。

回復期リハビリテーション病棟入院料　１〜６の６段階

		重症者割合	重症者の機能改善	自宅退院	リハビリ実績指数
回復期リハビリ病棟入院料１	2085点	３割以上	３割以上が４点以上	７割以上	40以上
回復期リハビリ病棟入院料２	2025点	３割以上	３割以上が４点以上	７割以上	
回復期リハビリ病棟入院料３	1861点	２割以上	３割以上が３点以上	７割以上	35以上
回復期リハビリ病棟入院料４	1806点	２割以上	３割以上が３点以上	７割以上	
回復期リハビリ病棟入院料５	1702点	—			30以上
回復期リハビリ病棟入院料６	1647点	—			

3-11 MSW に必要な入院費用と自己負担金の知識

患者さんの医療費などの経済的負担に関する制度について、MSW 業務に必要な知識を理解しておきます。一般的には、入院する場合どれだけの費用がかかるのか誰しも心配ですが、なかなか聞きづらいというのが現状です。MSW としては、患者の不安の一つである入院費の支払いについての理解が必須です。また、制度により減免できるものもありそのための援助ができるよう学びます。具体的な支払費用額が必要な場合は、医事課に相談し教えてもらいます。

健康保険の医療費の自己負担割合

1）診療報酬明細書（レセプト）を審査支払機関（社保・国保）へ提出

2）自己負担金

負担金 0%　生活保護、身障者手帳１級・２級。状況によって時に少額　の自己負担あり。

負担金 10%　１割負担　75 歳以上一般・低所得者

負担金 20%　２割負担　70 歳以上一般・低所得者

負担金 30%　３割負担　現役並み所得者

健康保険の高額療養費制度 (社会保険・国民保険)

1）医療費が高額の時には、一定の金額（自己負担金限度額）を超えた分が後で払い戻しを受けられる。(払い戻しを受け取る手順の指導が必要。装具作製時にも必要)

2）あらかじめ限度額適用認定書があると支払いは自己負担金限度額のみで済む。

3）上限額は年齢と所得によって異なる。

国民健康保険（国保）の減免制度

主たる生計維持者が退職・休業したこと等により著しく所得が減少したとき。

“療養担当規則”の規定により患者から徴収するもの

1）患者一部負担金
2）入院時食事療養費・入院時生活療養費の標準負担額
3）保険外併用療養費における自費負担額
4）療養の給付と直接関係ないサービス（患者の同意で費用を徴収）

障害者医療費助成

1）都道府県ごとに異なる。
2）医療機関（病院・調剤薬局）の窓口で支払った医療費のうち、健康保険で支払った分（入院時食事代は対象外）。
3）身障者手帳１級・２級、（内部障害者３級）。
4）精神障害者保健福祉手帳１級。

障害者自立支援法による自立支援医療制度 「自立支援医療受給証」

1）更生医療：身障者手帳交付者（18歳以上）
2）育成医療：18歳未満
3）精神通院医療：当院では主にてんかん

3-12 障害診断書類の作成は入院中の担当 MSW が退院後も対応する

脳卒中になると、今後の生活費などのことが不安で、家族がお先真っ暗になっていることがよくあります。そのような場合、早期から MSW による経済的援助につながる説明と指導は、少しはその不安を解消していくことにつながります。そのためには、障害診断関連書類についての申請手順や申請時期の説明が重要になります。制度によっては、退院後の社会性を拡張することにつながったり、復職に有利に働くものであったり、継続療養につながるものであったりします。ここでは、これらの制度で、MSW が十分に理解しておくべき書類ごとの特徴と入院時からの切れ目のない手順について学びます。

障害診断書類の作成での MSW の役割と手順

1）脳卒中の障害が固定すると、障害関連の制度を活用し経済的支援に役立てる必要がある。

2）身障者手帳（身体障害者手帳）・精神障害者手帳（精神障害者保険福祉手帳）・障害年金（国保・厚生）・特別障害者手当・障害者自立支援などは、書類作成が可能な時期が退院後である場合がある。

3）書類作成可能な時期は、身障者手帳が発症後４～６ヶ月、障害年金が発症後１年半または６ヶ月、特別障害者手当が退院時または身障者手帳交付後などである。

4）回復期病棟のリハビリ総合実施計画書作成カンファレンスで、作成可能時期をリハビリ医と確認する。

5）当院の回復期病棟では、退院後に作成時期が来る書類は、入院中の担当 MSW が引き続き担当する。

6）入院中に作成時期を家族に説明し、書類作成の外来と療法士の測定の予約を確保しておく。

7）障害診断外来（書類作成の外来）受診時は、その担当 MSW が医師の作成を援助し、結果も確認する。

注：他院では、一般的には回復期病棟 MSW の対応は入院中のみで、退院後は当事者が医事課へ申請することになる。そのため、患者・家族が忘れずに役所で診断用紙を貰いに行き、病院に申請し予約する必要がある。しかし、所轄の役所や病院の窓口での作成依頼が煩雑だと、申請しないまま放置されることが多くなる。その結果、本来受領できる権利が阻害されることになる。

身体障害者手帳に関する知識

1）身障２級以上は肢体の場合は治療費の自己負担が軽減され一部負担金になる。0% の場合もある。

2）復職や就業の場合等級が低くても、障害者雇用促進法により優遇されるので必要。

3）脳卒中後遺症としては、肢体不自由・音声言語障害・嚥下障害がある。

障害年金に関する知識

1）障害基礎年金・障害厚生年金の２種類がある

2）外部障害・精神障害・内部障害が対象

❶障害基礎年金

1）初診日に国民年金に加入している。

2）保険料の納付期間が規定条件を満たしている。（初診日の前々月まで納付、加入期間の 2/3）

3）障害等級表の１級・２級に該当。

4）初診日が 20 歳前の場合で年金制度加入していない場合。

5）初診日に 65 歳未満の場合で初診日の前々月までの１年間に保険料の未納がない。

❷障害厚生年金

1）初診日[注1]に厚生年金に加入している。
2）保険料の納付期間が規定条件を満たしている（初診日の前々月までに公的年金の保険料が加入期間の 2/3 で納付または免除。初診日に 65 歳未満の場合で初診日の前々月までの１年間に保険料の未納ない）。
3）障害基礎年金の１級・２級の場合、年金に上乗せして支給。
4）身障者手帳２級でない軽い障害の場合は、３級の障害厚生年金を支給。
5）初診日から５年以内に治り障害厚生年金に該当しない軽い障害の場合は障害手当金（１時金）を支給。
6）その後悪化し該当する場合は、事後重症の請求。

注１：初診日とは、原因疾患で初めて医師の診療を受けた日のこと。

特別障害者手当

1）重度の障害により常時特別の介護が必要な場合、手当金（27,350 円 / 月）支給。
2）在宅療養に限る。
3）20 歳以上、本人または家族の所得が一定以下の場合（所得制限の基準あり）。
4）１ヶ月での 27,350 円は、概ね介護保険利用上限時の負担３万円に近い。

精神障害者保険福祉手帳

1）当院は精神科専門医がいないので、対象は“てんかん”と脳損傷による“高次脳機能障害”のみ。
2）初診日より６ヶ月経過している。
3）“精神病”の名称のあるものや、その別名などは精神科専門医でないと書けない。
4）自治体によって福祉サービスは大きく異なる。

5）手帳のメリットは

①抗てんかん薬・向精神薬の費用負担

②復職や就業の場合の障害者雇用促進法による優遇（従業員43.5人以上の会社）

③税制上の優遇（障害者控除）

④携帯電話の基本使用料金が半額

6）手帳のデメリットは”精神障害者”という名称による差別のリスク

この内容の学会発表

早瀬裕子・浜川明子・茂田なぎさ・生駒恵里・夏目重厚 「退院後の医療資源活用に向けた障害関連書類作成へのMSWの役割 回復期リハ病棟MSWによる入院時から退院後も含めた対応」 回復期リハ病棟協会第31回研究大会2018

脳卒中後遺症の各種の書類手続きにはMSWのリハビリマインドが必須

Eさん（48歳男性）は妻と大学生の娘さんの3人家族。単身赴任中に脳出血で倒れ、その後回復期リハビリ病院へ半年入院。退院後当院のリハビリ外来を受診。重度の右片麻痺を呈し、短下肢装具とT字杖で歩行。トイレ動作・食事動作は自立。その他は家族の援助が必要でした。初診時から重度のうつ状態を呈しており入院中もずっと死にたいと家族に訴えていた由。うつ病は脳卒中発症後に高頻度に発生し、希死念慮があると自殺のリスクがあります。急いで当院で抗うつ剤治療を開始したところ徐々に改善してきました。身障者手帳については前医に、“そんなもの取っても仕方がないよ”と言われ諦めていたとのことでしたが、2級以上であれば多くは治療費の自己負担が0割に該当します。この方も、急いで申請をし、1ヶ月後の交付後は0割負担になりました。身障者手帳は復職の際に障害者雇用促進法により支援されます。障害年金については、担当のMSWから何も聞かされていませんでした。障害年金は、医師に初めてかかった時から1年半後または障害が固定した時となっており、神戸市では脳卒中発症後最短4ヶ月で認定されています。これは、かなりの経済的支援になり、復職してもそのまま支給されます。また特別障害者手当という制度もあり、この制度の基準に該当すれば、月27,350円支給されます。退院後の訪問リハビリを希望していましたが、介護保険が未申請のままでした。介護保険では脳卒中の場合40歳以上で利用可能で、サービスには訪問リハビリ・通所リハビリ・福祉用具貸し出し・住宅改修費などがあり、本来は入院中に申請すべきもので急いで手続きをしました。その後、本人も徐々に自分自身を取り戻し前向きに取り組むようになりました。なぜこのようなことになるのか。それは主に医師やMSWがこれらの手続きの書類作成を嫌うからだと思われます。そして退院すれば縁が切れます。一番の問題は、MSWのリハビリマインドの欠如と思われた経験でした。

第4章

MSWに必要な脳卒中を中心とした医学的知識

4-1　MSW 業務には他職種との共通言語として専門用語習得が必須

MSW 研修の第一歩は各職種の専門用語習得から始まります。特に医師・看護師・療法士の用語が中心です。情報収集や伝達・調整などに際しては、その分野で用いられている専門用語がわかっているとスムースに業務が進みます。習得のコツは、一般的に学習するのではなく、MSW 業務に必要なものを重点的に覚えることです。ここでは、その概略を学習し、次の章で研修初期に必要な具体的な用語を学びます。また、巻末付録でさらに詳しい用語とその解説を掲載したので、必要時に検索してください。

他職種との共通言語とは

1）MSW が現場で求められるものは、他職種からの情報収集能力とマネージメント能力である。

2）病院は資格持ちの専門職の集合体であり、日常的に部署ごとの専門用語を使用している。

3）院内の専門職は、他の部署の人への配慮をせずその部署の専門用語を使う傾向がある。

4）他職種からの情報収集には、各部署の専門用語の理解が共通言語として必要となる。

5）医師・看護師・療法士の専門用語が主で、一部、管理栄養士・薬剤師などの用語も必要である。

専門用語の覚え方

1）自分の単語帳を作り、常に持参する。ポケットサイズがよい。

2）リハビリ回診表（2F・3F・回復期病棟）やリハビリ総合実施計画書の用語で知らないものは赤字でチェック。

3）研修時にわからないものはすべて指導医に聞く。
4）何度でも重複しても聞く（人は１度聞いただけで覚えるわけがない）。
5）回診やカンファレンス時には、常に指導医のすぐ横にいること。

医師が使う専門用語

1）医師が診断した診断名（病名）と合併症・既往歴の用語。
2）他院からの情報提供書の診断名・合併症・既往歴の用語。
3）医師の治療に関する日本語・英語・常用語・慣用語・医療材料名の用語。
4）医師のカンファレンスで出てくる医学用語（略語・日本語・英語）は、個別に医師と協議する時に必要。

リハビリ療法士が使う専門用語

1）リハビリ回診やカンファレンスで、療法士(PT・OT・ST）が報告に用いる略語・専門用語。
2）回診リスト・カンファレンス用紙・リハビリテーション総合実施計画書に記載された用語。

看護師・介護職の用語

1）病棟においては看護記録や会話に出てくる看護・介護の用語。
2）他院からの看護サマリに記載されている用語。

薬剤師の用語

1）多用される薬剤名と効能の用語。
2）薬剤処方に関する用語（定期処方・臨時処方・退院時処方・服薬指導）。
3）服薬に関する理解（薬袋管理・カレンダー管理・一包化・粉砕・簡易懸濁法など）。

臨床検査技師の専門用語

1) 検査には、検体検査（血液・尿・髄液など）と生理検査（超音波検査・脳波・心電図など）がある。
2) MSW としては、主として施設入所時に必要な検査名と記載内容。主なものは血液検査と心電図の所見。

管理栄養士の用語

1) リハビリ総合実施計画書にあるリハビリ栄養の記載欄の用語。

4-2 MSW が研修初期に理解すべき専門用語と解説

研修の始めは、取り敢えず用語を読むだけで良く、慣れていくことが大事です。リハビリ回診資料や各種カンファレンス資料で何度も遭遇する間におぼえていきます。当初は、わからない用語があれば、研修指導医に聞いてください。

附：巻末付録として、さらに詳しい「MSW 業務に参考となる専門用語集（略語・日本語・英語・解説）」を掲載しています。必要に応じて利用してください。

主に英語の略語で使われるもの

GCS：グラスゴーコーマスケール、Glasgow Coma Scale の略。意識レベルの評価法であり、15 点満点

PH：既往歴、past history の略　病歴と同じ

HT：高血圧症、Hypertension の略

DM：糖尿病、Diabetes Mellitus というラテン語の略語

ope または **op**：手術、operation の略

PD：パーキンソン病、Parkinson Disease の略

SAH：クモ膜下出血、Subarachnoid Hemorrhage の略（ほとんどが脳動脈瘤破裂による）

TIA：一過性脳虚血発作、Transient Ischemic Attack の略（一時的な脳の虚血により片側視力低下・麻痺・言語障害など神経脱落症状が出る発作。脳梗塞ではない。放置すると脳梗塞に移行することあり）

NPH：正常圧水頭症、Normal Pressure Hydrocephalus の略（認知症状・尿失禁・歩行障害の３徴を呈す。VP シャント・LP シャントの水頭症手術で改善。タップテストで診断）

MCA：中大脳動脈、Middle Cerebral Arteryの略（脳主幹動脈は、他に内頸動脈ICA・前大脳動脈ACA・後大脳動脈PCA・椎骨動脈VA・脳底動脈BA）

AN：動脈瘤、Aneurysmの略（脳動脈瘤はくも膜下出血の原因、大動脈瘤には胸部大動脈瘤TAAと腹部大動脈瘤AAAがある）

VPシャント：脳室腹腔シャント術、VPはVentriculo-Peritonealの略(脳室と腹腔を管でつなぐ水頭症手術)

LPシャント：腰椎腹腔シャント術、LPはLumbo-Peritonealの略（腰椎と腹腔を管でつなぐ水頭症手術）

ASDH：急性硬膜下血腫、Acute Subdural Hematomaの略

CSDH：慢性硬膜下血腫、Chronic Subdural Hematomaの略（外傷性慢性硬膜下血腫とも表記 「慢硬」と略す）

PEG：胃瘻造設術、Percutaneous Endoscopic Gastrostomyの略（正式には経皮的内視鏡的胃瘻造設術。PEGは胃瘻造設術であり、胃瘻ではない）

ENT：退院（ドイツ語のEntlassenの接頭辞。退院の意で、日本独自の看護用語。使用すべきでない。英語でENTは耳鼻咽喉科 Ear, Nose & Throatのこと）

STROKE：脳卒中のことを英語ではこのようにいう

Attack：発作

日本語の意味

陳旧性：以前発症のもの（英語でold、新しいものは acute 急性）

散在性：パラパラと飛んでいたり、あちこちにあったりする。脳梗塞や脳炎で使用

気切：気管切開やその術後状態、気管カニューレを使用（“スピーチカニューレ”は話ができるカニューレ）

主に脳梗塞で使われるもの

ラクナ梗塞：ラクナは小さな窪みの意で、穿通枝梗塞。

アテローム血栓性脳梗塞：粥状硬化による（血栓性・塞栓性・血行力学性）

心原性脳塞栓症：脳梗塞の一つ（心臓から血栓が脳に飛ぶ、血栓回収術や tPA 療法の対象）

脳幹梗塞：橋の脳梗塞のこと（脳幹は主に中脳・橋・延髄を指すがほとんどが橋として使う）

tPA：tissue-Plasminogen Activator の略（脳梗塞に対する血栓溶解療法の一つ）

血栓回収術：各種のデバイスをもちいて脳動脈内の血栓を除去。
（**ペナンブラ**：血栓を吸引除去、**トレボ** と**ソリテア**：血栓を絡みとり除去するデバイス）

脳梗塞の部位：放線冠・内包後脚・視床・尾状核・基底核・小脳・橋・脳幹・大脳半球・前頭葉・側頭葉　頭頂葉・後頭葉・中心前回

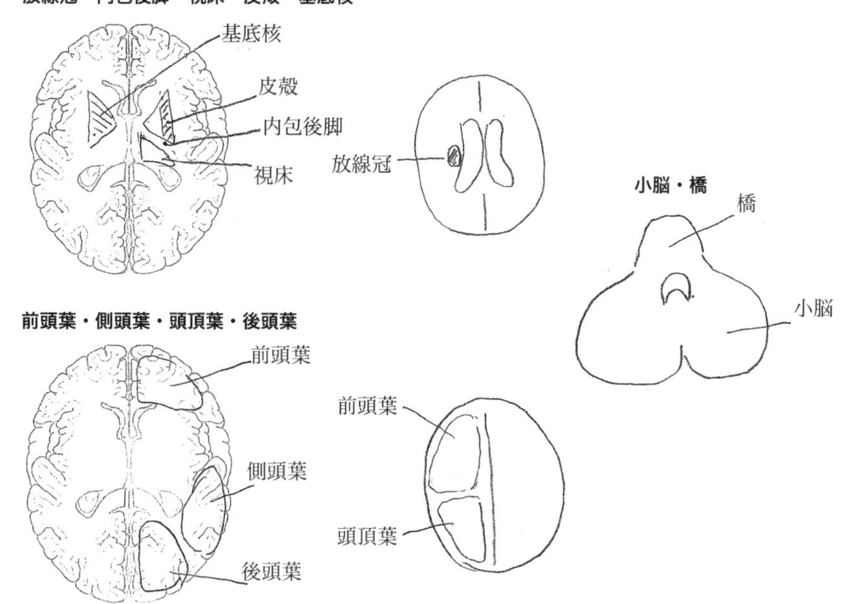

おもに脳出血で使われるもの

脳幹出血：橋出血のこと（脳幹は中脳・橋・延髄を指すが、ほとんどが橋として使う）

アミロイドアンギオパチー：Amyloid Angiopathy、脳アミロイド血管症（CAAと略、皮質下出血の原因。アミロイドが脳動脈に沈着して脆(もろ)くなる。脳に沈着するのがアルツハイマー病）

高血圧性脳出血：脳動脈の高血圧性変化による。高血圧症の診断があるとは限らない

脳内出血：脳出血と同じ

脳出血の部位：被殻・視床・尾状核・小脳・橋・大脳半球・脳幹・前頭葉・側頭葉・頭頂葉・後頭葉

おもにクモ膜下出血で使われるもの

SAH：クモ膜下出血、Sub-Arachnoid Hemorrhageの略（原因は主に脳動脈瘤破裂。外傷性もある）

クリッピング術：開頭クリッピング術（脳動脈瘤の頸部にクリップをかける開頭術を伴う）

コイル塞栓術：脳血管内手術の一つ（脳動脈瘤の腔内に高価なプラチナ製のコイルを何本も詰める）

A-com動脈瘤：前交通動脈瘤、Anterior Communicatingの略（損傷で前脳基底部健忘症を呈す）

よく出てくる脳外科手術名

穿頭術：穿孔術ともいう、局所麻酔下にドリルで頭蓋に穴を開ける

開頭術：頭蓋骨を切って骨弁を外す、後で戻す場合と、人工骨やチタンで覆う場合とがある

穿頭ドレナージ術：穿頭脳室ドレナージ術・穿孔ドレナージ術・穿頭洗浄術などがある。

頭蓋形成術：外減圧術の後の“骨入れ”のこと

頭蓋内血腫除去術：開頭術によるもの、穿頭術によるもの、内視鏡下で行うものがある

腫瘍摘出術：脳腫瘍の摘出術、開頭腫瘍摘出術

頭部外傷関係

外傷性脳損傷：略語は TBI 、頭部外傷のリハビリ病名

頭部挫創：頭皮の外傷（傷は外から見えないキズ、創は外から見えるキズ）

脳挫傷：脳実質の外傷による挫滅

外傷性クモ膜下出血：脳挫傷などで出る、軽度のものも多い

びまん性軸索損傷：略語は DAI、重症頭部外傷や高次脳機能障害をきたす。画像上の所見乏しい

頭蓋骨骨折：前頭骨骨折・側頭骨骨折・頭頂骨骨折・後頭骨骨折、頭蓋陥没骨折

Fx：骨折、Fracture の略、鎖骨 Fx のように使用

圧迫骨折：腰椎圧迫骨折、胸椎圧迫骨折、胸腰椎圧迫骨折

脳卒中後遺症で合併しやすい疾患

症候性てんかん：脳卒中の場合、発症後半年から２年の間に発生

誤嚥性肺炎：もともと嚥下障害がある人に発生した肺炎

脱水症：水分摂取不足が多い、脳循環不全や電解質異常でもうろうとなる。

大腿骨頸部骨折：人工骨頭置換術をする。手術自体は身障者手帳の対象でなくなった

腰椎圧迫骨折：尻もちで潰れやすい、ときに胸腰椎圧迫骨折となる、後遺症としても合併。知らぬ間に潰れていることがある

心不全：急性心不全と慢性心不全がある。心臓のポンプ機能の障害

腎不全：慢性腎臓病・糖尿病性腎症・ネフローゼ症候群などによる腎機能障害

発熱・熱発：原因は、肺炎・尿路感染症・胆嚢炎をまず考える。続いて、癌、膠原病、薬剤性など

その他の疾患

てんかん重積：てんかん重積状態（Status Epileptics)、けいれん性と非けいれん性がある

頸椎症性脊髄症：後方除圧術・椎弓形成術などを行う

脳腫瘍：髄膜腫は良性の脳腫瘍、グリオーマ（神経膠腫）は悪性腫瘍

甲状腺疾患：甲状腺機能低下症(橋本病)、甲状腺機能亢進症（バセドウ病)、甲状腺腫瘍などあり

めまい症：回転性・非回転性・動揺性がある。原因は血圧・不整脈・メニエル病・脳卒中・脳腫瘍など多彩

低 Na 血症：血清の塩分であるナトリウムが低下。意識障害を呈する。老人や薬の副作用などで出る

認知症関連の用語

AD：アルツハイマー病、Alzheimer Disease の略。本来は病理診断による病名

SDAT：アルツハイマー型老年認知症、Senile Dementia of Alzheimer Type の略、臨床診断による病名

レビ小体病：Lewy Body Disease。臨床診断名はレビ小体型認知症、DLB

FTD：臨床診断名は前頭側頭型認知症、FTLD は前頭側頭葉変性症

MCI：軽度認知障害、Mild Cognitive Impairment の略。1 年後には 1 割の人が認知症になる

キツネ手：AD が進むと、キツネの指の形が指示や模倣で作れなくなる

USN：半側空間無視、Unilateral Space Neglect の略。半盲ではない、主に左。DPC 病名は半側空間失認

注意障害：前頭葉の症状で、注意の選択、注意の持続、注意の分配、注意の転導に分類

易怒性：怒りっぽくなる、すぐキレる、動作の制止（だめ !）・間違いの指摘で怒らせる

リハビリ用語

BRS：ブルンストローム・ステージ、Brunnstrom Stageの略　脳卒中片麻痺の回復過程の評価法、ⅠからⅥまであり、上肢・手指・下肢で評価、Ⅰ～Ⅲまでは実用性がない。Ⅳ以上はよくなる

MMT：徒手筋力テスト　０～５まであり、３以上で実用的

GMT：粗大筋力、Gross Muscle Testingの略　MMTの簡略版

BBS：Berg Balance Scale（バーグバランススケール）の略。体幹機能（バランス）の評価法

グラスゴー・コーマ・スケールの評価表
（Glasgow Coma Scale;GCS）

観察項目	英語	評価観察内容	スコア
開眼(E)	Eye Opening	自発的に開眼	4
		呼びかけにより開眼	3
		痛み刺激により開眼	2
		まったく開眼しない	1
最良の発語(V)(言葉による応答)	Best Verbal response	見当識あり	5
		錯乱した会話	4
		不適当な言葉	3
		理解不明の音声	2
		全く声が出ない	1
最良の運動反応(M)(運動による最良の応答)	Best Motor Response	命令に従う	6
		痛み刺激部位に手足を持ってくる	5
		四肢を屈曲する逃避する	4
		四肢を屈曲する異常四肢屈曲反応	3
		四肢伸展反応	2
		全く動かさない	1

4-3 MSWに必要な脳卒中の基本的な知識

脳卒中の知識でMSWに必要なのは、患者・家族が医師から受ける説明内容や看護師・療法士が用いている用語類や主治医との会話に必要な範囲の知識です。また、入院希望や転院時の他院の担当者との相談、経済的な補助制度適応などの場合に必要とされる範囲は知っておく必要があります。さらには、病気についての直感的な理解（こんな感じ）も患者・家族との共感には必要です。脳卒中相談員としても必要な範囲の脳卒中の基本的知識を習得します。

脳卒中の分類

1）**脳梗塞**（**CI**）：脳に血が行かなくなって発生する

2）**脳出血**：脳の血管が破れて脳内に出血し血腫を作る

3）**くも膜下出血**（**SAH**）：くも膜下腔に出血する、ほとんどが脳動脈瘤の破裂

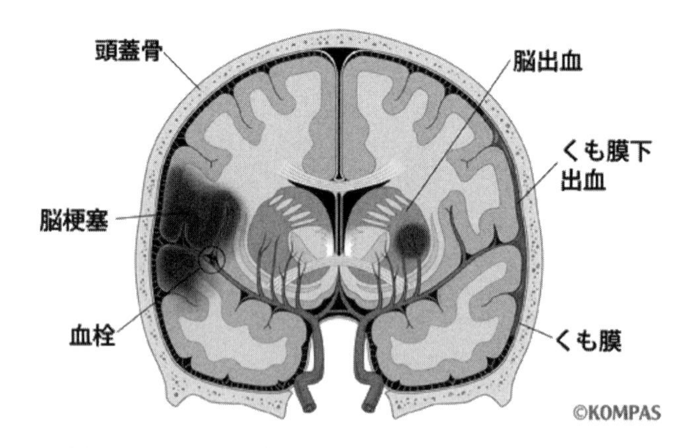

慶應義塾大学病院　医療・健康情報サイト　KOMPASより引用

脳梗塞の分類

1）**アテローム血栓性脳梗塞**：脳にゆく動脈壁にコレステロールが溜まる動脈硬化によるもの
2）**ラクナ脳梗塞**：脳内の細い血管（穿通枝）がつまる、点状の脳梗塞
3）**心原性脳塞栓症**：心臓内にできた血栓が脳へ飛ぶ
4）**血行力学的脳梗塞**：脳動脈の高度狭窄や側副血行路依存の場合におこる。血圧低下や脱水で悪化しやすい

脳出血の分類

1）高血圧によるもの
①高血圧で血管が傷む（フィブリノイド変性により脆くなる）
②主な好発部位は被殻・視床・橋・小脳
2）アミロイドアンギオパチー（脳アミロイド血管症）によるもの
①アミロイドが血管壁に沈着（アミロイド変性により脆くなる）
②皮質下出血をきたす
③アルツハイマー病の合併が多い

くも膜下出血（SAH）の治療の要約

1）**破裂した脳動脈瘤の処置**：開頭クリッピング術またはコイル塞栓術
2）**脳血管攣縮**：スパズム、動脈が縮み脳梗塞になる、発症は SAH 後２週間（スパズム期間）の間
3）**正常圧水頭症（NPH）**：SAH 後１～３ヶ月後に発症、水頭症手術（VP シャント・LP シャント）
4）**頭蓋骨欠損**：外減圧術後に安定したら頭蓋形成術（骨入れ）を施行。それまでは外傷防止で保護帽使用。

脳梗塞に関連する各種の用語

1）心房細動（Af）

①不整脈の一つ（常時ある慢性心房細動と、発作的に起こる発作性心房細動がある）

②心原性脳塞栓症による脳梗塞を起こす

③ワーファリン（抗凝血薬）またはDOAC（直接経口抗凝固薬）を内服

④ワーファリンはPT-INRの定期検査でコントロール。DOACは不要

2）**BAD**：進行性脳卒中、２つのパターンあり（放線冠か橋）

3）**出血性梗塞**：脳梗塞の中に出血（濾出性のものと破綻性の大出血がある）

4）**血栓回収療法**：血栓をカテーテル治療で除去（発症後８時間以内）

5）**tPA療法**：血栓を血栓溶解剤点滴で溶かす（発症後4.5時間以内）

4-4 MSWの業務に役立つ脳卒中による障害の用語と知識

MSWが障害の用語理解を必要とする場面は、療法士とのやり取りやリハビリ回診・カンファレンスなどへの参加時です。特別障害者手当の申請時には、障害の程度による適用基準がありその知識が必要になります。身体障害者手帳・障害年金・精神障害者保健福祉手帳などの診断書でも障害名の確認が必要になります。ここでは、障害名とその解説を学びます。

中枢性の運動麻痺

中枢性の麻痺：脳または脊髄の疾患による麻痺。中枢神経は脳と脊髄からなる

片麻痺：片麻痺の評価法がBRS（ブルンストローム・ステージⅠ～Ⅵ、Ⅲ以下は実用的でない）
上肢麻痺重度（全廃）ではそれだけで身障者手帳２級

四肢麻痺：片麻痺が両側で起きたものは「両側片麻痺」。時間差もある（陳旧性＋今回のもの）。両側片麻痺は仮性球麻痺（偽性球麻痺）による嚥下障害や構音障害をきたす

不全麻痺：麻痺が軽度の場合に用いる。不完全な麻痺

体幹機能障害：“椅子からの立ち上がり困難”や“10分以上の立位保持困難”あれば身障者手帳２級

痙縮：麻痺後に発生、ボトックス治療適応（特に「握り手」、「尖足」、「槌趾」によい）

顔面麻痺：片側の顔面麻痺、両側の場合は「顔面両麻痺」

ジストニア：筋緊張異常症、脳性麻痺に多い。痙性斜頸はボトックス治療の対象。薬剤による副作用の場合もある

ジスキネジア：運動異常症、脳性麻痺に多い。薬剤による副作用も多い。

口部ジスキネジアが多い

筋強剛：固縮ともいう。パーキンソン症状のひとつ。歯車様・鉛管様がある

言語障害

失語症：主なものは運動性失語症・感覚性失語症。言語聴覚士の世界ではさらに細分化

全失語：話す・聞く・読む・書くがすべてできない

運動性失語：主に言語の表出が困難。ブローカ失語ともいう。発語失行やうつ病を伴うことが多い

感覚性失語：主に言語の理解が困難。ウェルニッケ失語ともいう。流暢性・錯語・喚語障害。病識ない

非定型失語：分類不能な失語

皮質下性失語：左の視床・基底核の病変による失語の総称。小声・発語緩慢・記憶障害などが特徴

視床（性）失語：皮質下性失語の一つ。基底核によるものは、線条体失語

ジャーゴン（失語）：“でたらめな文章をべらべらと話し続ける”

認知症による失語：ロゴペニック型失語・意味性認知症（語義失語）・進行性非流暢性失語などがある

構音障害：呂律が回らない、構音器官（口唇・舌・口蓋など）自身やそれを支配する神経・筋の障害

アナルトリー：発語失行や失構音ともいう。構音の歪みと音のつながりの異常

嚥下障害

嚥下障害：嚥下機能は３期に分ける（口腔期、咽頭期、食道期）

先行期障害：嚥下運動の前。前頭葉症状に多い

嚥下惹起遅延：口腔内保持し、飲み込もうとしない。前頭葉障害に多い

誤嚥：声帯を超えて気管に入ること。ムセを伴わない“ムセなし誤嚥”は肺炎のリスク高い

喉頭侵入：喉頭内に入ること、軽いムセを伴うことも多い。誤嚥のリスクあり

高次脳機能障害

半側空間無視（USN: 半側空間失認）：右大脳半球の症状で、左USNを呈する

失行（観念運動失行・観念失行・肢節運動失行）：左大脳半球の症状

ゲルストマン症候群：失書・失算・手指失認・左右失認の4徴候。左頭頂葉障害

注意障害：前頭葉障害で起こる。注意機能には、選択性・持続性・分配性・転導性がある

脳卒中による主な精神障害

脳卒中後うつ病：脳卒中後に発症するうつ病。頻度は多い。（当院の脳卒中入院で60-70%）

血管性認知症：アルツハイマー病に次いで多い認知症の原因疾患

症候性てんかん：脳損傷後発症のてんかん。てんかんではないが、抗てんかん薬処方が予防的投与のことあり

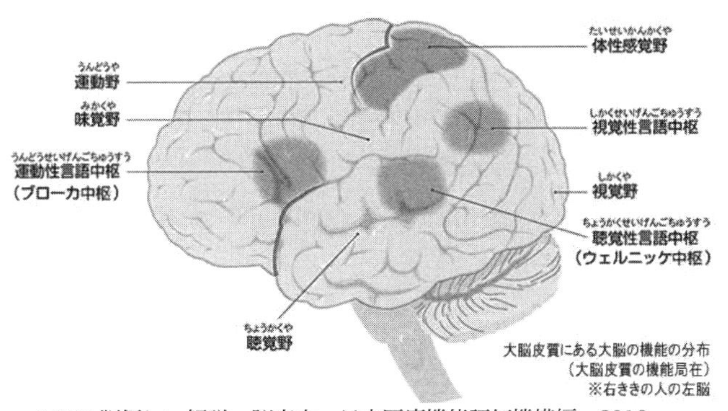

MINS版優しい解説　脳卒中　日本医療機能評価機構編　2016

4-5 MSWに必要な外傷性脳損傷の知識
脳卒中以外の疾患 1

外傷性脳損傷は、脳卒中による脳損傷と症状はよく似ていますが、経過がかなり異なります。その結果、退院計画についても、脳卒中よりも長めに考える必要があります。発症半年で植物状態に近い状態でも、1年後には自立歩行まで改善することがあるからです。外傷後の高次脳機能障害による社会性の問題点が、復職と大きく関連することもあります。また、脳外傷は、脳卒中発生時や脳卒中後遺症による転倒などにもよく合併します。ここでは、外傷性脳損傷について学びます。

重症頭部外傷について

1) 重症頭部外傷はGCS8以下（GCS評価表p.103参照）。
2) 頭部外傷の予後は脳卒中とは異なる。
3) 予後は、半年後に植物状態であっても1・2年後までの経過でかなり良くなることがある。
4) 回復期リハ病棟は最長6ヶ月入院を予定しその後、訓練センターなどでの継続リハビリが必要。
5) **外傷性脳損傷**の病名は、重症頭部外傷のリハビリで使用。複数の病態が含まれる。
6) 脳外科医は直接治療をした部位の病名（左急性硬膜下血腫など）をいつまでも使用する習慣がある。
7) **び漫性軸索損傷**(DAI) では脳の軸索が離断される。重症であっても画像上の異常所見は乏しい。
8) 高次脳機能障害の合併多く、MSWはたくさんの書類作成希望に対応することが多い。

頭部外傷の障害部位と病態

1）障害部位：頭蓋骨 → 硬膜外 → 硬膜下 → クモ膜下 → 脳内

2）対応する病名：頭蓋骨折 → 硬膜外血腫 →硬膜下血腫 → 外傷性クモ膜下出血 → 脳挫傷・外傷性脳内出血

3）病名ごとの主な経過

①急性硬膜外血腫：開頭血腫除去術により良くなる。

②急性硬膜下血腫：極軽症から重症まであるが重度の後遺症多い。慢性硬膜下血腫への移行あり。

③慢性硬膜下血腫（慢硬）：頭部打撲後１ヶ月位に“袋”ができて血液が貯留。穿頭洗浄術・穿頭ドレナージ術で改善。再発は１～２割。頭部打撲後、約１ヶ月後に CT で慢硬の有無を確認。漢方は五苓散を使用。

④外傷性クモ膜下出血：画像上軽微なものも多い。頭痛・項部硬直を呈す。

頭部断面図と脳外傷の病名

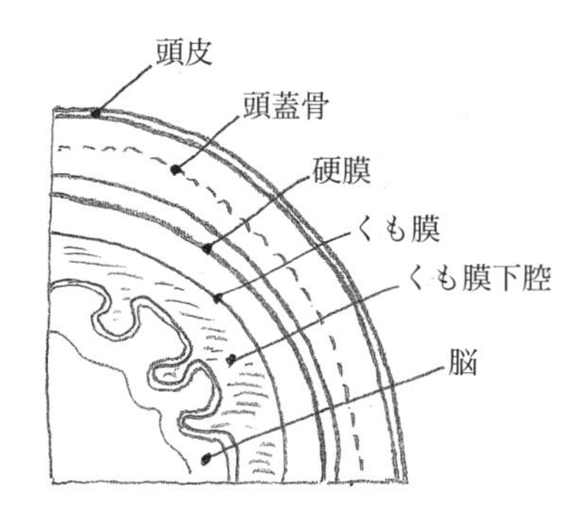

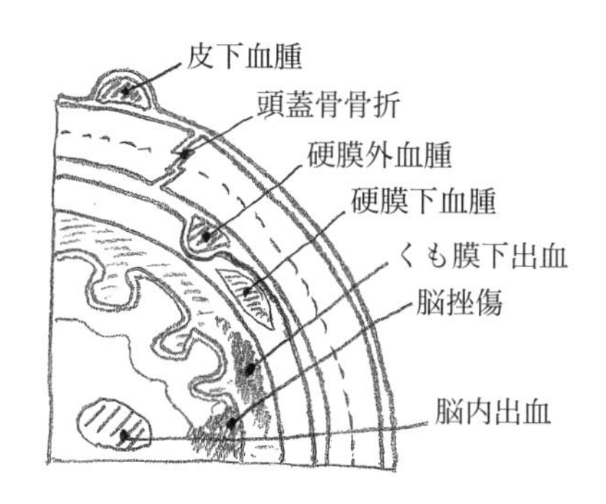

外傷後に悪化するもの

1）**T&D**（Talk & Deteriorate）は、来院時に会話が可能、後に意識障害進行に注意。高齢者で予後不良。

2）**慢性期には正常圧水頭症の発症に注意。**歩行障害・尿失禁・認知機能低下・パーキンソン症状を呈す。タップテスト（髄液除去試験）によりシャント手術の適応を検討。

3）**アルツハイマー病がある場合は外傷後悪化しやすい**（アルツハイマー病は物理的衝撃に弱く認知障害が進行）。

後遺症

1）高次脳機能障害：後頭部打撲で両側の前頭葉底面に脳挫傷が発生する。

2）頭部外傷後てんかん（外傷性てんかん）：半年〜1年後に多い。2年後まで脳波の経過をみる。

3）外傷性頸部症候群：頭部打撲時に頸部の捻挫でおこる。いわゆる“むちうち”の症状を呈す。時に脳脊髄液減少症が隠れている。

4）重症頭部外傷：後遺症に対する保証が大きい場合あり。また書類が多く煩雑な傾向あり。

4-6 MSW に必要な認知症の知識
脳卒中以外の疾患 2

認知症は加齢とともに増加する病気です。近年、高齢化に伴い脳卒中発症前からの認知症の合併例が多くなっています。認知症の原因はアルツハイマー病が多いのですが、次いで多いのが血管性認知症です。アルツハイマー病は脳出血や正常圧水頭症を合併します。認知症の症状の理解には、高次脳機能障害の知識や精神医学の知識が必要です。認知症患者の心の世界を理解することが、診断治療や生活指導につながります。そして家族が異常な言動を高次脳機能障害の症状として理解できるように説明し対応方法を指導することが重要です。ここでは、MSW に必要な範囲の認知症について学びます。

認知症と認知機能障害は異なる

1）認知症は、進行性の脳疾患。以前は痴呆症といわれたが、差別的表現との理由で変更された。
2）認知機能障害とは、様々な種類の高次脳機能の障害のことを指す。認知症ではない。
3）認知機能障害は、脳損傷の部位により各種の高次脳機能障害を呈する。
4）前頭葉損傷は、前頭葉症候群による情動障害や注意障害を呈する。
5）右大脳半球損傷は、無視症候群を呈する（左半側空間無視・左身体失認・左運動無視・病態失認）。
6）左大脳半球損傷は、失語症や失行症、記憶障害などを呈する。
7）行政用語の高次脳機能障害は、主に脳外傷による前頭葉機能障害のことを指す。後遺障害保険金に関連して弁護士の関与が多い。

主な認知症

1）認知症の病名には、症状で診断する臨床診断病名と、病理学的に確定される病理診断病名がある。

2）アルツハイマー型老年認知症は臨床診断で、病理診断はアルツハイマー病[注1]（AD と略す）。

3）前頭側頭型認知症は、前頭側頭葉変性症[注2]（FTLD）やピック病によるもの。

4）レビ小体型認知症は、レビ小体病[注3]（LBD）によるもの。

5）血管性認知症は、脳梗塞や慢性脳循環不全、脳出血などで生じる。

6）物忘れは、良性健忘 → 軽度認知障害（MCI）→ 認知症 の順に進行。

注 1：アルツハイマー病はうつ病が先行することがある。記憶障害から始まり、高次脳機能障害を呈する。進行すると、症候性てんかんを発症することがある。正常圧水頭症や脳出血を起こして悪化することがある。
アルツハイマー病は脳にアミロイドベータが蓄積するが、脳血管にも沈着し、脳アミロイド血管症（アミロイドアンギオパチー）よる脳出血（皮質下出血）を起こす。正常圧水頭症は、認知症状・尿失禁・歩行障害の３徴を呈しシャント手術によりよくなる。

注 2：前頭側頭型認知症は、失語症や人格変化が先行することが多く、いろいろなタイプがある。

注 3：レビ小体病はパーキンソン症状・幻視・レム睡眠行動異常・認知症状を呈する。

アルツハイマー病の診療

1）問診：物忘れの自覚、孫の名前呼称、振り返り症状、取り繕い症状、キツネ手提示、うつなどチェック。何か困ることはないかと聞く。

2）脳画像：MRI 読影、VSRAD 解析 (アルツハイマー病早期評価システム）を実施。

3）高次脳機能検査：MMSE は正常範囲でリバーミード行動記憶検査が著明低下の乖離を確認。

4）本人・家族・医師の同席でオープンに病気の説明や指導を実施(オープン・ダイアログ[注4]の考え方を導入)。

5）本人を外しての家族とのやり取りはできるだけ避ける。
6）介護保険制度をフル活用し、できるだけ長く住み慣れた自宅で過ごすことを目標にする（独居は介護保険下で維持・継続）。

注４：オープン・ダイアログはフィンランド発祥の精神療法。患者を囲んで自由に対話

認知症診療と指導の手順

1）認知症の診断が付いたら直ちに家人に介護保険の認定申請を指導（必要時、代行申請も指導）。
2）症状の進行に合わせて介護保険を利用する練習開始。（介護サービスの認知リハビリとしての意義を説明）
3）デイサービスからの利用を推奨。（普段と違う“よそゆき”に変身して行動するので、薬よりもよく効く）。
4）デイサービスは、週１回から始め、利用限度に合わせ週３回以上を目指す（週３回以上で運動リハビリの効果が出、自宅での入浴が不要になる）。
5）月１泊のショートステイ練習を指導（泊まり練習が落ち着けば、ショートステイの実用的な活用を指導）。
6）将来の施設入所となりうる状況について説明（家族や自宅の認識が薄れると、自宅より施設のほうが本人の安心感あり）。

家族への対応手順

1）認知症患者の心の世界を、家族が理解すること極めて重要である。
2）次々出てくる高次脳機能障害症状の説明と付き合い方を指導する。
3）幻覚については、本人の体験であることを家族に理解させ、症状の解説と対応方法を説明する。
4）妄想は、修正不能な間違った考えであることを説明する。
5）幻の同居人症状は、妄想であり、人がいる気配や侵入を感じ不安になることを説明する。

6) 易怒性については、どのようにして怒らせているかという“怒らせ方”を一緒に検討し、対応方法を話しあう。
7) 眠剤・睡眠リズム調整薬・向精神薬・気分調整薬などの投薬についてはその作用を説明し、本人了解の上で使用。
8) 認知症を止める薬は、現在はないことを説明。
9) 進行防止には、脳循環の内科的管理、精神的および身体的活動性の維持が重要であることを指導。かかりつけの内科医の重要性を説明。

4-7 MSWに必要な脊髄疾患の知識
脳卒中以外の疾患3

高齢になると、脊椎骨は加齢により変形性変化を生じます。脊椎骨の中は脊髄や神経が通っており、それが狭くなって圧迫されると、四肢の麻痺や神経痛などを生じます。また、骨粗鬆症により脆くなると、圧迫骨折や脊椎全体の変形（亀背・円背・側弯・背が縮むなど）とともに疼痛を呈します。脊髄・脊椎障害の診断と治療は脳神経外科の対象なので多く入院してきます。脳卒中患者の中には、リハビリ訓練が腰痛のために進まないことがあります。その際は、薬物療法・理学療法・体幹装具（コルセット）・手術などを検討し対応します。ここでは、MSWとして対応するために必要な知識を学びます。

脊髄症（ミエロパチー）とは

1）脊髄症は、頸椎症によるものが最も多い。頸椎症性脊髄症という。
2）脊髄症の原因には内科的な原因のもの（B12欠乏症・梅毒・多発性硬化症・筋萎縮性側索硬化症など）もある。
3）脳卒中には、頸髄症や末梢神経障害などがよく合併するが、よく見落とされている。
4）頸部脊柱管狭窄症は頸椎症性脊髄症の原因になる。
5）腰部脊柱管狭窄症は、神経根症の原因になり、代表的なものに坐骨神経痛がある。
6）腰椎圧迫骨折は高齢者に多く、尻もちによるものや、加齢により知らぬまにおこる病的骨折がある。

頸椎症性脊髄症

1）頸椎症性脊髄症は、頸椎病変による頸椎症が原因の脊髄症（ミエロパチー）である。

2）頸椎病変には、変形性頸椎症・頸部脊柱管狭窄症・後縦靭帯骨化症・頸椎椎間板ヘルニアなどがある。

3）軽微な頭部打撲でも、頸髄損傷による脊髄症になることがある。

頸髄損傷の症状の特徴

1）重度の頸髄損傷は、四肢麻痺・呼吸不全・温痛覚障害・体幹失調などあり。

2）併発する自律神経過反射は、発作性高血圧・発汗障害によるうつ熱（体温調節障害）を呈する。

3）併発する神経因性膀胱は尿閉をおこし、自己導尿または間欠的導尿を泌尿器科医から指示される。

中心性脊髄症候群

1）脊髄中心部の損傷で、重度の上肢麻痺あるが下肢麻痺は軽度なのが特徴。

2）脊髄損傷のタイプの一つ。

頸椎症性脊髄症の治療方法

1）手術には、椎弓切除術・脊柱管拡大術・椎弓形成術・前方除圧固定術・後方固定術などがある。

2）対症療法は、頸部装具（ネックカラー）による固定、フィラデルフィア装具などを使用。

3）薬物療法として点滴による大量ステロイド点滴療法がある。

4）頸椎牽引や柔道整復師・マッサージ師の治療は時に危険。

腰椎の病変

1）腰椎のレベルは中枢神経でなく末梢神経（馬尾）になる。

2）症状は弛緩性の下肢対麻痺や疼痛・しびれ、膀胱障害などである。

3）腰椎圧迫骨折は、第1腰椎（L1）とともに第12胸椎（Th12）も障害されやすい。

4）骨粗鬆症があると、脊椎圧迫骨折が多い。積極的な訓練は、フレーム型体幹装具（腰部コルセット）が早期に必要。その場合、装具外来での手続きが必要。

5）椎体への癌の転移の場合、除痛に因る QOL 改善目的で、フレーム型体幹装具を作製する。

4-8 MSW業務に役立つ精神症状を緩和する薬の知識

脳卒中に伴う精神症状は、患者さんに多大な苦痛をもたらしています。ここでは、その苦痛を緩和する手段の一つである薬物療法について学びます。記憶障害・見当識障害・睡眠リズム障害・幻覚妄想・前頭葉症候群（強迫症状・易怒性など）により混乱します。精神症状は、心理的にも混乱をまねき、患者さんは苦悩します。不眠については入眠障害・中途覚醒など非常に苦痛で夜間頻尿を伴うこともあります。向精神薬などの薬剤療法の原則は、決して病棟介護の管理のために眠らせることではなく、介護の手間を軽減することでもなく、患者さんの心理面での苦痛を緩和することにあり、その人らしい病棟生活を送れるように援助することです。ただし、看護師と医師の協働により、副作用や過沈静、興奮などに対する適切な観察と調整が前提です。

精神症状に用いる薬剤使用の原則

1）本人の病んだ心の世界を理解し、本人の立場に立って処方する。
2）薬剤投与の目的は、本人の苦痛の解除であり、病棟管理上のみでの使用はしない。
3）眠らせて不動化するのは、化学的身体抑制になるので、慎重な検討が必要。

精神症状に対する薬剤使用時の看護師との協働

1）対象症状には、幻覚妄想状態・精神運動興奮・易怒性・せん妄・うつ・不眠がある。
2）看護師は対象症状に対する臨床推論（医師はこのように考え、このように処方するであろう）の理解が必要。
3）看護師の責務は、症状の把握・効果判定のための観察・過鎮静や副作用のチェック・医師への報告となる。

4) 医師指示は電子カルテに明記し、指示に基づき看護師で与薬調整する。

5) 回復期病棟では毎週、医師・看護師による“精神看護カンファレンス”を実施している。

6) 急性期病棟では特定行為看護師（抗精神病薬）が対応している。

易怒性への取り組み

1) まず、どのようにして怒らせているのか検討する。

2) 多くは、前頭葉症状があるのに、“ダメ”・“違う”など否定的言動で怒らせている。

3) 必要時は気分安定薬（テグレトール・バルプロ酸）を使用。

4) 症状が強いときは、抗精神病薬のリスペリドン・クエチアピン・ハロペリドール（セレネース）を使用。

5) 自覚があり内心後悔している時は、危険回避行動（キレる前に現場から立ち去る）の指導が有効。

幻覚・妄想への取り組み

1) 幻覚には、幻視・幻聴・幻触（体感幻覚）などがある。客観的事実でなく、本人の“ 体験 ”として教えてもらう。

2) 幻視は、本人は何となく自覚していること場合が多い。多くは子供が見えており、顔がわからない、話さない。触ると消える。

3) 妄想は、修正不能な、間違った考え。間違いを正そうとするとこじれるだけ。

4) 幻視は、本人が困っていないなら投薬は不要。妄想を伴う幻視には必要。

5) いずれも必要時は抗精神病薬でコントロールする。

せん妄への取り組み

1） 状況理解も良好だったのが、急に興奮したり過活動になったりする。
2） 夜だけであったり、昼からであったりする。
3） 目線（アイコンタクト）がとれなくなるのが特徴。目つきが変になっている。
4） せん妄とは、認知症ではなく、意識障害である。
5） 認知症に合併しやすいが、認知症ではない、ボケたのではない。
6） せん妄治療薬として抗精神病薬（セレネース、リスペリドン）、四環系抗うつ薬（テトラミド）を使用。
7） 薬物の副作用によるせん妄の場合もあるので注意。

不眠への取り組み

1） 昼夜逆転は、夜起きて騒ぐから昼に寝ていると誤解し、眠らせないように強制的に朝昼に無理に座位をとらせるが、これは間違いであり、拷問に近い（夜起きていて昼寝るのは睡眠相の異常）。
2） 昼夜逆転とは、夜間にせん妄状態で睡眠不足になり、日中に眠たくなることである。せん妄治療薬で改善する。
3） 夜になると様々な観念が湧いてくる、精神運動興奮のようになっている場合は、抗精神病薬で落ち着く。
4） 病院という環境で、概日リズムが狂ってくる場合は、睡眠リズム調整薬[注1]を用いる。
5） 精神的な緊張が夜も持続する場合は精神安定剤[注2]を用いる。夜間頻尿もそれで改善することもある。
6） 以上の検討の上で必要な場合は、睡眠薬[注3]を用いる。

注1：睡眠リズム調整薬：ロゼレム（メラトニン受容体作動薬）、ベルソムラ（オレキシン受容体拮抗薬）

注2：精神安定剤：セルシン・デパスなど。リラックスさせて眠らせる。脱力による夜間転倒に注意。

注3：睡眠薬　必要な作用時間に基づき使用する

①超短時間作用型（半減期が２～４時間、睡眠導入剤ともいう：マイスリー）
②短時間作用型（半減期が６～12 時間、精神安定剤としても使用：デパス・レンドルミン・リスミー）
③中間作用型（半減期が 12 ～ 24 時間、中途覚醒に使用：ベンザリン）
④長時間作用型（半減期が 24 時間以上、中途覚醒に使用：ダルメート）

抗精神病薬（向精神薬）使用の注意点

1）認知症に対する抗精神病薬はほとんどが保険適用外で、本来は保険外診療として自費になる。入院中は、DPC で“まるめ”使用できるが、退院後は適用病名のみなので MSW は退院時処方で注意が必要。
2）認知症の行動・認知症状（BPSD）で保険適用外使用だが、特例で認められている薬は、リスペリドン・クエチアピン・セレネース・ペロスピロンの４種類のみ。対象症状は、せん妄、精神運動興奮状態、易怒性、幻覚・妄想・焦燥・興奮・攻撃。
3）向精神薬の副作用は多彩で、過鎮静（効きすぎ）、不整脈（致死的な場合もある）、パーキンソン症状（EPS）、アカシジア（静坐不能症、じっとできない）・急性ジストニア反応・遅発性ジスキネジアがある。
4）MSW の業務は、医師の処方の援助、定期処方への移行、１週間ごとの効果判定、退院後の継続処方の課題検討（保険適用外使用・高価薬・入院期間限定投与など）。

4-9 MSW に必要なリハビリの効果を高める薬の知識

リハビリの訓練効果は、意欲低下があると上がりません。その場合、訓練の効果を高める薬剤があります。リハビリ効果の精神面での阻害因子には、うつ病やアパシーがありますが、疼痛・筋緊張・失語症などの精神面にも影響するものもあります。しかし、一般的には、これらを薬剤面でサポートする治療はあまり普及していません。当院では、主としてリハビリ回診カンファレンスで評価データを検討し投薬し、療法士がその効果を判定しています。MSW もこれらの症状について相談を受ける機会が多くあります。ここでは、そういった薬物療法と薬品名などを学びます。また、薬物療法ではありませんが、訓練努力と成果をよく褒めることや、rTMS（経頭蓋磁気刺激療法）も効果的です。

意欲低下を改善しリハビリ効果を高める薬

1）アマンタジン（シンメトレル）：

①ドパミン神経賦活作用あり、適応は広い。

②脳梗塞後遺症の意欲低下・自発性低下（発動性低下）を改善する。

③脳卒中後うつ、意識レベルの改善、血管性認知症にも用いる。

④パーキンソン症候群・パーキンソン病にも効く。

⑤元々はＡ型インフルエンザウイルス感染症の治療薬。

⑥咳を促す作用あり、誤嚥性肺炎の予防にも用いる。

2）抗うつ剤：うつ病・うつ状態は意欲低下も症状

①うつ状態は神経リハビリの効果を低下させ、リハビリの動機づけも低下、自殺防止に注意。

②抗うつ剤には SSRI・三環系抗うつ剤・スルピリドなどがある。

③ SSRI（選択的セトロニン再取り込み阻害薬）

セルトラリン（ジェイゾロフト）：ドパミン神経賦活作用もあり、
副作用が少ない。

サインバルタ：抗うつ作用と神経痛の鎮痛作用がある。

パキシル（パロキセチン）：自律神経症状（動悸・発汗等）を伴う
うつ病、パニック障害、強迫性障害にも用いる。

④三環系抗うつ剤

トリプタノール：焦燥感を伴ううつ病、尿失禁、神経障害性疼痛。

トフラニール：うつ病、尿失禁、鎮痛作用。

⑤スルピリド（ドグマチール）：もとは胃潰瘍の薬、胃腸症状や食欲
低下があるうつ病に使用。副作用はパーキンソン
症状。

⑥難治性うつ病（上記の薬が効かない場合に追加する）

リーマス（炭酸リチウム、血中濃度測定要）：もともとは躁病の治療薬。

ブロモクリプチン（パーロデル）：もともとはパーキンソン病の薬。
副作用は、血圧低下、病的性欲亢進。

リハビリ効果の阻害因子である疼痛を緩和する薬

ロキソニン：NSAIDs（非ステロイド系抗炎症、エニセイズ）の代表。

アミノアセトフェン：胃腸障害・腎障害少ない、解熱鎮痛作用あるが
抗炎症作用はない、NSAIDs ではない。

ノイロトロピン：反射性交感神経性ジストロフィー（RSD）、内服ま
たは注射。

ステロイド：一般的に副腎皮質ホルモン系の総称。抗炎症作用あり、
RSD でも使用。関節リウマチで頻用。副作用が多く、
多岐にわたる（高血圧・糖尿病・緑内障・骨粗鬆症・うつ
病など）

リリカ：神経障害性疼痛　習慣性になりやすい。

筋緊張の緩和によりリハビリ効果を高める薬

ダントリウム：筋に直接作用。

バクロフェン：痙性抑制目的の内服、頭痛緩和作用もある、注射薬は髄注用。

失語症を改善し、言語訓練の効果を高める薬

ピラセタム（ミオカーム）：失語症・発語失行に使用。エビデンスあり（保険適用外であり退院後、処方しない）。

4-10 MSW 業務に役立つ血液検査データの読み方

病院で実施される検査には、血液・尿・脳脊髄液などの検体検査と、心電図・超音波・脳波・肺機能などの生理検査があります。このうち、血液検査の経過は、肺炎や胆嚢炎などによる急変や重症化などのリスクが関係し、自宅退院や施設入所などの退院計画に大きな影響をきたします。また、MSW は施設利用に際し、申込書で検査データを要求されることや、入院前相談での入院適応判定時の評価対象にもなることを理解しておく必要があります。原則的には、退院直後の安全面から退院前評価としての血液検査が必須なのですが、指示がないため漏れていることもよくあり、注意が必要です。

患者の悪化に関するデータ

CRP（C-reactive protein 、C 反応性蛋白）

1）感染症（肺炎・尿路感染症など）に罹患すると上昇。

2）陽性の場合、何か疾患がある（感染症・自己免疫疾患・悪性腫瘍など）。

アルブミン　Alb

1）栄養状態の指標（低アルブミン血症・低栄養状態の判定）。

2）サルコペニアの要因の一つ（要因は①加齢・②筋の不使用・③疾患 CRP ↑・④低栄養状態 アルブミン↓）。

3）リハビリの筋力増強訓練には最低 3.0 以上、できれば 3.5 以上必要。

4）低下は褥瘡の危険因子。

5）低アルブミン血症の所見は、指圧痕を伴う浮腫・光沢のある皮膚。

6）高齢者は 4.0 以上（または 4.2 以上）で、生命予後が良い。

ヘモグロビン　Hb　血色素

1）Hb7 以下は**貧血性低酸素血症**となり、リハビリ訓練時は酸素投与が必要。
2）Hb6 以下は輸血の適応。
3）腎不全に伴うものはエリスロポエチン製剤を投与。
4）ビタミン B12、葉酸、鉄の欠乏による貧血には、その補充投与。
5）中高年の貧血は、消化器の癌を疑い、消化器内視鏡検査をする。

BNP（脳性ナトリウム利尿ペプチド）

1）心不全が血液検査で評価できる（特に、うっ血性心不全）。
2）20 以下が正常であるが、**300 以上**は重篤で心機能の評価が必要。

尿素窒素（BUN）、クレアチニン、eGFR

1）腎機能障害で BUN・クレアチニンが高値、eGFR は低下。
2）高値の場合人工透析の必要性を検討する。腎臓内科受診が必要。
3）代謝性脳症（尿毒症性脳症）を生じると意識障害。
4）K が高値になると心停止の危険。
5）高尿酸血症を来たし痛風も起こる（結晶性関節炎）。

D- ダイマー

1）深部静脈血栓症（DVT）・解離性動脈瘤・炎症・悪性腫瘍などで上昇。
2）高齢者の頭部外傷で D ダイマー高値では病状が進行する（T&D）。

GOT、GPT、LDH、γ GTP

1）主に肝障害で上昇するが筋障害でも GOT、GPT、LDH は上昇。
2）γ GTP はアルコール性や薬剤性（抗てんかん薬に多い）で上昇。
3）GOT → AST、GPT → ALT と表記されることあり。

PT-INR

1）PT-INRは、“プロトロンビン時間—国際標準比”の略語。
2）主に心房細動で用いるワーファリンは、投薬時のコントロールに使用。
3）コントロール指標は、70歳以上1.6～2.6、69歳以下2.0～3.0。

糖尿病での血糖とHbA1cのデータ

1）低血糖は50以下を指す。30以下で重篤になる（脳障害は高血糖よりも低血糖のほうが悪い）。
2）高血糖は200台までは緊急の問題はない。高血糖性昏睡は500以上。
3）HbA1cは、ヘモグロビン・エイ・ワンシーと読む、約1～2ヶ月間の血糖値を反映。

抗てんかん薬の血中濃度と副作用

血中濃度に相関して副作用の出る薬剤と主な症状。
1）アレビアチン（フェニトイン；PHT）：眼振・小脳性運動失調。
2）テグレトール（カルバマゼピン；CBZ）：脱力・発疹。
3）デパケン（バルプロ酸；VPA）：パーキンソン症状・高アンモニア血症・眠気・意識障害。
4）フェノバール（フェノバルビタール；PB）：眠気。

施設申し込み書類で求められる感染症の検査項目

外来受診の場合は、医療保険のものと自費のものがあり注意が必要。
1）疥癬：視認または問診で発疹がないことを確認し記載。
2）MRSA（メチシリン耐性黄色ブドウ球菌）：鼻腔採取で迅速診断。
3）結核：肺結核のみが問題。胸部X線撮影必須、必要時喀痰検査（ガフキー号数、喀痰培養、PCR）。

4）B 型肝炎ウイルス：血液の抗原・抗体検査（HBS 抗原／ HBS 抗体）。
5）C 型肝炎ウイルス：血液の抗体検査（HCV 抗体）。
6）梅毒：性的な接触で感染。長期間で脳症状・心血管症状。TP 抗体、RPR。
“ワッセルマン反応”は、昔の検査法で現在は梅毒の血清学的検査法全般をさす。
7）HIV：性的な接触で感染。血液の抗原・抗体検査(HIV-Ag/Ab)
AIDS　。

第5章

MSWが理解しておくべき安全に関する知識

5-1 MSWが関与する医療安全管理の要点

医療安全管理の知識と手順は、病院職員全員に習得する義務があります。目的は、院内において重大な身体への事故が起こらぬよう防止することです。そのためには、些細なことでも、重大な事故につながるかどうかの考え方が必要となります。ただし、クレームや業務ミスは対象ではありません。MSWが医療安全管理上問題となる事例に直接関与することはほとんどありません。しかし問題発生時には患者家族との信頼関係から、何らかの関与が必要となります。ここではMSWが関与する可能性の高い具体的な課題も取り上げそれらを学習します。

医療安全管理のための基本的な考え方

1）安全で質の高い最新の医療を確実に提供することは、病院のすべての医療従事者の責務である。

2）医療安全管理は、“人は誰でも間違える（To Err is Human)”ということが前提になる。

3）原因を職員個人の注意力や個人　責任に帰結せず、安全確保のシステムとして再発防止策を整備しなければならない。

4）医療安全管理の情報と再発予防策を全職員で共有する。

当院の安全管理のシステムの概略

1）当院の「医療安全管理指針」があり、職員は全員読む義務がある。

2）医療安全管理委員会・医療安全管理室を中心に組織化されている。

3）リスクマネージャーにより、定期的に安全活動が実施されている。

4）「インシデント・アクシデントの患者影響度分類」の理解と、ヒヤリハットの報告義務が求められる。

5）全職員は年２回の医療安全研修会の受講義務がある。

MSW が関係する主なリスクにかかわる事項

1. 転倒・転落のリスク

1）転倒リスクは、リハビリ訓練などにより自立を積極的に目指すと、必然的に付随してくる。
2）見守りレベル・監視レベルなどの評価は、転倒リスクについての評価でもある。
3）転落は、主としてベッドからの転落。床に寝転んでいた場合、転落か降りたのかの検討が必要となる。
4）看護師は入院時に転倒転落評価を実施しており参考になる。
5）MSW が患者さんをカンファレンスなどで案内する時には、転倒リスクがあれば車椅子を使用する。

2. 離床・離棟のリスク

1）帰宅願望の原因には、現在の居場所がわからない、早く自宅へ帰りたい、うつ状態などがある。
2）認知機能低下とともに場所の見当識障害があると、現状の周囲の環境への違和感がある。
3）生活習慣の問題で、無断外出するなど勝手に振る舞う場合がある。
4）喫煙または飲酒をしたいために、こっそり院外へ出ることがある。
5）MSW も捜索にも参加する。家族への連絡が必要な場合がある。時に、自宅へ帰っている。

3. 過度の運動負荷によるリスク

1）原因疾患や合併症の中には、過度に運動負荷がかかると急変のリスクを有するものがある。
2）運動負荷には、生活動作時（労作時）のものと、リハビリ訓練によるものがある。
3）脳疾患では、血圧上昇による動脈瘤破裂（脳動脈瘤・大動脈瘤）、血圧低下による悪化（血行力学的脳梗塞）、過呼吸による悪化（もやもや病）などがある。

4）循環器疾患では、心不全や狭心症の悪化、大動脈弁狭窄症(AS)による突然死などがある。

4. うつ病による自殺のリスク

1）当院は脳卒中の専門病院なので、脳卒中後うつ病が多い。

2）うつ病の最大のリスクは自殺。希死念慮の本人確認は自殺防止につながる。

3）うつ病は、リハビリの阻害因子であり、リハビリ訓練の治療効果を低下させる。

4）リハビリ訓練拒否の原因が、うつ病である可能性を常に念頭に置く。

5）MSWは、悲哀感があるか感じ取り、落ち込んでいないか・死にたい気分にならないかできるだけ聞く。

5. 虐待のリスク

1）介護職の場合は、夜間に多い。名札を外していることも特徴。

2）粗雑な扱いは身体的な虐待につながり、時に身体的外傷を呈する。

3）乱暴な応答は、精神的な虐待につながり、時に心的外傷を呈する。

4）威圧的な対応は、言語障害や身体障害を呈している患者に恐怖感を感じさせる。

5）自立に向けた段階的なADLの訓練計画とくに排泄コントロール訓練に悪影響を及ぼす。

6）リハビリ訓練の効果を低下させる。うつ病や不安神経症の精神症状を悪化させる。

7）MSWは、虐待に関する患者・家族からのクレームがあった場合、リハビリ科部長・看護師長に報告する。

「インシデント・アクシデントの患者影響度分類」

<table>
<tr><td>レベル</td><td rowspan="5">インシデント</td><td rowspan="7"></td><td>障害の継続性</td><td>障害の程度</td><td></td></tr>
<tr><td>0</td><td colspan="2" rowspan="2">なし</td><td>患者へは実施されなかった</td></tr>
<tr><td>1</td><td>患者への実害は無かった。
(何らかの影響を与えた可能性はある)</td></tr>
<tr><td>2</td><td rowspan="3">一過性</td><td>軽度</td><td>処置や治療は行わなかった。
(観察の強化、バイタルサインの軽度変化、安全確認のための検査などの必要性は生じた)</td></tr>
<tr><td>3a</td><td>中等度</td><td>簡単な処置や治療を要した。
(消毒、湿布、皮膚の縫合、鎮痛剤の投与など)</td></tr>
<tr><td>3b</td><td rowspan="3">アクシデント</td><td>高度</td><td>濃厚な処置や治療を要した。
(バイタルサインの高度変化、人工呼吸器の装着、手術、入院日数の延長、外来患者の入院、骨折など)</td></tr>
<tr><td>4</td><td rowspan="2">重大な医療事故</td><td>永続的</td><td>軽度～高度</td><td>永続的な障害や後遺症が残った。</td></tr>
<tr><td>5</td><td>死亡</td><td>死亡</td><td>死亡。
(原疾患の自然経過によるものを除く)</td></tr>
</table>

1) **インシデント（ヒヤリハット）**：
日常診療の現場で“ヒヤリ”とした“ハッ”とした経験を有する事例。実際には患者へ害を及ぼすことはほとんどなかったが、有害事象へ発展する可能性を有していた潜在例。

2) **アクシデント（医療事故・有害事象）**：
不適切な医療行為で意図しない傷害が生じ、一定以上の影響を与えた事象。

3) **医療過誤**：結果が予見できたのに、回避する義務を果たさなかったインシデント・アクシデントのこと。

4) 重大医療事故発生時には、患者・家族の不安や疑問には丁寧かつ誠実に対応。
不用意な言動は患者に関係のないことであっても誤解されることに留意。
ハーバード大学病院　『医療事故　真実説明･謝罪マニュアル』が、必読。

5-2 MSWに必要な感染防止対策の知識

MSWは、情報収集や調整のために、業務上で様々な人との面談や調整の機会があります。家族が何人もいたり、身寄りがなく知人・成年後見人・福祉事務所員などであったり、退院後の復職にむけた関係者、入所予定の施設職員などです。また、院内の多職種との連絡・調整など院内の活動も活発です。私生活もあります。このような中で、MSW自らの感染にも注意が必要となります。日常的にMSW自身の職業性の感染防御と院内アウトブレイクの感染源にならぬような知識が必須となるのです。また、入退院手続きの業務においては感染に関するデータが求められるのでその範囲の知識と理解が必要です。ここでは、MSWに必須の範囲の感染対策の知識を学び身につけます。

院内感染防止対策に向けたMSWの責務

1) 入職後の研修と日々の業務の中で感染症や感染予防の知識を暗記する。
2) MSW自身が、患者・家族・関係者との接触で“職業感染”を来たさないための知識を理解する。
3) MSW自身が、院内での“アウトブレイク”の感染源にならないよう防護策を遵守する。
4) 患者の入院受け入れや他施設への入所・転院の場合の、感染関連情報を把握する。

MSWが感染防護に際し必要となる注意点

1) 家族・ケアマネージャーなどの院外からの人々を交えたマネジメント業務が多い。
2) 院内の行動範囲が広いので自らがアウトブレークを引き起こす可能性がある。

3）患者・家族等とのカンファレンス時は、使用場所の感染防御に向けて環境整備をする。
4）面談時は飛沫感染対策が重要で、軽介助時は接触感染に注意する。
5）各々の病原体の感染症に対し、感染防御の正しい対応が即座にできないといけない。
6）"標準予防策"の理解と具体的な日常の防御手順（マスク・手袋の使用など）の徹底が必須。

MSWに必要な感染管理システムの用語と知識

1）標準予防策：　患者の血液・体液・分泌物（汗は除く）・排泄物は感染の可能性があるものとして対応。
2）感染経路別予防策：病原体の感染経路は、接触感染・飛沫感染・空気感染。
3）感染対策委員会・リンクナース・ICN（看護師）・ICT（チーム）の理解。
4）ICD（インフェクションコントロールドクター）は、医師・歯科医師が対象の資格。

MSWの感染管理研修

1）標準予防策・感染経路別予防策・主な病原体などの丸暗記と、即座に対応する手順を習得する。
2）毎月1回10分程度でしている療法士向けのカンファレンス前の感染管理研修にできるだけ参加する。
3）院内全体の年2回の感染研修会に参加する。
4）手持ちの手指消毒用の薬液を携帯。必要時、マスク・手袋使用。
5）本人に症状（下痢、発熱など）がある場合は、出勤前に必ず上司に電話で相談する。

他施設からの転院・他施設への入所に際しMSWに必要な病原体別の用語と知識

1）結核：結核は全身疾患であるが、“肺結核”のみが対象。胸部X線写真が最重要（活動性の結核は、喀痰の結核菌染色によるガフキー号数の固定、PCR検査、結核菌培養を実施）。

2）疥癬：ヒゼンダニが皮膚に巣食う（治療は、イベルメクチン服用、スミスリン塗布、オイラックス軟膏塗布）。

3）梅毒：性病。晩期になると、神経梅毒により認知症を来す（若い世代は梅毒の名前も知らない）。

4）B型肝炎・C型肝炎：肝炎ウイルスで現在は治療方法がほぼ確立。

5）MRSA：メチシリン抵抗性黄色ブドウ球菌。抗生物質が効きにくい（この菌での重症肺炎は少ない）。

6）HIV：いわゆるAIDS。これによるHIV脳症は認知症を呈する。

MSW自身の職業感染リスクに関する病原体別の用語と知識

1）結核：自身の結核に関する情報（ツベルクリン反応・クオンティフェロン検査・BCG接種の実施歴）が重要。若い人はリスク高い、肺結核既往者の再燃（老人性結核）に注意。

2）麻疹：はしか。自身の罹患歴・ワクチン接種歴を確認。

3）水疱瘡：水痘帯状ヘルペスウイルスによる。小児期の水疱瘡の既往を確認。成人では帯状疱疹。

4）肝炎ウイルス（B型・C型）：検診でB型抗体陰性ならワクチン。

女性職員に必要なワクチンの知識

1）問題になるのは妊娠時の胎児感染に関すること。

2）風疹ウイルス：「三日はしか」。妊娠3ヶ月以内で風疹になると胎児に重大な影響（先天性風疹症候群）。

3）麻疹ウイルス：感染力が非常に強い。空気感染。妊娠中は重症化しやすい。

4）水痘帯状疱疹ウイルス：妊娠 20 週未満の感染で２％に先天奇形。
5）ムンプスウイルス：おたふく風邪ともいい、流行性耳下腺炎をきたす。妊娠初期の感染で自然流産が多い。先天奇形はない。
6）B 型肝炎ウイルス（HBV）：HBV 陽性で妊娠すると、生まれてくる子も感染。母子感染予防注射の対象。

アウトブレークの定義と注意点

1）アウトブレークとは院内感染での大量発生のことであり、地域の大量発生はパンデミックという。
2）一般的に、2名または３名以上で同一の病原体(遺伝子型)が条件である。
3）多人数発症の場合はクラスターという。
4）院内で発生したら、MSW は、その対応策について必要に応じて家族・施設などとの調整を行う。
5）MSW 自身や療法士は院内アウトブレークを引き起こすリスクが高いことを自覚しておく。
6）アウトブレークは病院の経営的打撃や存続の危機になる可能性がある。
7）アウトブレークをきたしやすい疾患と対応の要点。

①ノロウイルス

微量のウイルス量で感染・発症するのが特徴で院内のアウトブレークをきたしやすい。下痢したら上司に電話相談。だれか嘔吐したら、“ノロセット”(吐物処理セット：泡ハイター・ペーパータオル・PPE セットなど）を使用する。

②インフルエンザウイルス

病院の方針に従い指定のワクチンを全員接種。発熱や感冒様症状時には出勤せず上司と相談、インフルエンザ検査で確認が必要(“インフルエンザ菌”は細菌であり別物)。

③ COVID-19(新型コロナウイルス)

対応はインフルエンザと同じ。ワクチン接種が重要。発熱や感冒様症状時には出勤せず上司と相談。必要時 PCR 検査などで確認が必要。

5-3 MSWの関与が多い医療倫理の知識と要点

MSWの仕事は、そもそもが、ひとの在り方を模索する業務です。その中で、ひととして何かおかしいと思いたくなるような事例に遭遇することも多い職種です。その結果、倫理的検討を必要とする課題によく直面します。そのためにも、分析などの検討方法に習熟する必要があります。ここでは、医療倫理の基本的な知識と、MSWがよく遭遇する論理的課題について学びます。

医療倫理の基本的知識

1) 倫理とは：「ひとの道」のこと。
2) 倫理的検討とは：医学的検討とは異なる次元のもの。分析を行うが必ずしも正解があるとは限らない。
3) 倫理4原則："自律性"・"善行"・"無害"・"公正"の4つ。丸暗記して分析で使用。
4) ターミナルケアでは、ジョンセン(Jonsen)の臨床倫理4分割法により検討する。

患者の希望と家族の意向の乖離がある場合

1) 自宅復帰を願う患者の希望と、介護力や経済的理由で受け入れ困難な家族の退院先に関する意向との間でズレ（乖離）が生じる。
2) 患者の希望にどのように応えるかは、"自律性の尊重"のレベルでの倫理的検討が必要となる。
3) 結論を先送りにして、ワンクッションとして施設利用をする場合もありうる。

身寄りのない患者の治療（ターミナルケアも含む）や行き先に関する意思決定について

1）本人の決定能力を評価し、誰が法的代理人と成り得るか確認（福祉事務所など）。
2）成年後見人の意見はACPとしては可であるが、治療の是非の決定権は弁護士によるとグレイゾーンである。(ACP→P31参照)
3）身寄りのない独居者の救急入院後の治療意思決定の問題は当院では多く生じており、迅速な検討が求められることが多い。
4）倫理的検討は、“自律性の尊重”と“公正”の原則に従って検討する。

嚥下機能低下に際しての課題と考え方

1）NGチューブ（経鼻胃管）の挿入や設置は苦痛・不快感を伴う。
2）NGチューブ設置は、自己抜去防止の身体抑制、嚥下に必要な喉頭機能の回復阻害などが問題となる。
3）肺炎のリスクと食べたいものの制限は、安全性と自律性に関わる倫理的ジレンマの問題。
4）家族がPEGを延命処置と聴かされたり、お腹に穴を開けるのは痛そうなど思ったり、適切な説明がないまま思い込んでいることが多い。
5）施設入所の必要条件としてPEGがある場合は倫理的検討が必要。
6）当院では、急性期では積極的な嚥下機能訓練により喉頭機能の改善を目指すために“早期PEG（胃瘻造設術）”を推奨している。
7）PEG前の嚥下内視鏡検査（VE）により、嚥下咽頭期の機能を評価し、将来の胃瘻抜去の可能性を検討しておく。

超高齢者へのリハビリの必要性の検討

1）超高齢者（90歳以上）が増加し、積極的な治療の機会が多くなっている。

2) 超高齢者に相応しい医療の判断は難しく、元気さ・人生観・死生観などが影響する。
3) リハビリのゴールは、本人の希望、当該年齢の平均余命、医学的評価による予後予測を基に検討する。
4) 老年的超越[注1]による本人の価値観の変化の把握も必要。

注1：参照　1-9「老年的超越」参照

リハビリ訓練拒否に対する方針

1) 家族はリハビリを強く望むが、患者はリハビリ訓練を受けたくない場合がある。
2) 強制的なリハビリ訓練（座位保持など）による疲労感は患者の自己決定権（自律性）を阻害しているかもしれない。
3) 疼痛・苦痛・うつ（心理的苦痛）が関与していないか、検討が必要である。
4) 回復期リハビリ病棟はリハビリ目的であり、リハビリ訓練拒否の患者は入棟の適応がない。

終末期医療の手順

1) 主治医および家族全員が終末期であることを認識しているか確認。それらは、DNR 指示[注1]・ACP の有無などでも確認できる。
2)「終末期ケア計画」を作成し、終末期に相応しい最善の医療・看護介護・リハビリになっているか確認する。
3) それが、人生の終末を迎えることの援助になっているか確認する。
4) 死への自律により自発的に飲食や点滴を拒む場合（VSED：自発的な飲食停止）は、別途に検討が必要である。
5) Jonsen の臨床倫理 4 分割法の適用検討の調査は、ターミナルケア計画にむけて MSW が対応することが多い。
6) 脳卒中などの非癌性の緩和ケアはターミナルケアと異なる。

注１：DNR 指示とは CPR しない指示、DNAR はダメでも試みること。
　　　CPR（心肺蘇生術）の目的は、“突然の予期せぬ死の防止”。
　　　DNR の取り決めは、いつでも変更できる。

病院における論理的検討の手順

各病棟で発生した倫理的課題

倫理４原則の項目ごとに記入し検討

倫理原則	検討内容	実際の状況記入欄
自律性尊重	本人の意向は 家族等の意見は	
善行	患者を治療する義務	
無危害	身体的・精神的な危害の程度	
公正・正義	社会通念上の妥当性 関連するガイドライン等	

臨床倫理4分割法で記入し分析（緩和ケアに関する内容の場合）

医学的適応（善行と無危害の原則）	**患者の意向**（自律性尊重の原則）
1.脳疾患の診断と予後および治療の可能性 2.内科的問題と予後および治療の必要性 3.障害評価とリハビリによる利益の可能性 4.看護介護ケアによる利益の可能性	1.患者の意向の確認 2.精神的判断能力がない場合の患者の以前の意向確認　家族・代理人からの聴取。 3.患者の治療への非協力
QOL（善行と無危害と自律性尊重の原則）	**周囲の状況**（公正の原則）
1.積極的治療による QOL（復帰の見込みや CPR の妥当性） 2.維持的治療・対症的治療による QOL 3.延命についての同意 4.緩和ケアの計画	1.家族の意向の確認 2.医療施設（医師・看護師）の方針 3.社会資源活用の問題 4.患者の経済的問題 5.特定の宗教の関与確認

部署のカンファレンスで結果を検討

倫理委員会で検討（結果についてさらに検討が必要な場合）

参考文献：『臨床倫理学 第５版　Jonsen AR 他』新興医学出版社、2006

5-4 入院患者（男性）による女子職員への セクハラへの対応

セクシャルハラスメント略してセクハラは、性的な嫌悪感をきたす社会的に決して許されない行為です。被害者の受け取りは、不快を感じる程度から、目の前が真っ白になるほど精神的衝撃を受けたり、心的外傷を受けたりと様々です。そのためには、常日頃から、ケースを想定してシミュレーション的に対応手順を学んでおく必要があります。身体への接触や言葉による性的言動について、ベテランの職員が軽くいなすなどのモデルケースの記載を散見しますが、全くの間違いです。セクハラがMSWに向けられることはほとんどありませんが、問題発生時には、MSWは退院や転院を必要とする場合の調整や家族への説明などの関与が必要となります。ここでは、セクハラの知識と原則的な対応方法を学びます。

病院でのセクシャル・ハラスメント（セクハラ）とは

1）主に問題になるのは男性患者から女性職員（療法士・看護師・介護職）への性的な言動である。
2）セクハラとは、セクハラであると被害者が受け取った段階でアウト。
3）被害を受けた人の感受性は個人差があり、心的外傷を来すことがある。
4）基本的には犯罪であり、精神疾患によるものは精神科への転院が必要。

セクハラ時の性に関する問題行動・性的逸脱行動の例

1）卑猥なことを言う。異性の身体に触る。
2）性的な関係を求める、性行為を迫る。
3）性器をみせる。自慰行為を見せる・その援助を求める。
4）恋愛妄想があると、執拗に付きまとう・抱きつくなどの異常行動を呈することがある。

セクハラ発生時の対応手順

1）セクハラの言動があった場合、対応がまずいと徐々にエスカレートするので、直ちにその場を離れる（突然のことで固まった場合は直ちに立ち去る。笑顔でそれとなく諭すのも、聞かなかったふりをするのも間違い）。
2）直ちに上司に報告し、担当医師にも伝える。病棟内やリハビリなどでの被害調査をする。
3）原則は、即退院または転院。MSWは、家族へその旨報告し、退院・転院を伝える。
4）精神障害として発生している場合は、精神科への転院を考える。

認知障害や薬による性的異常行動

1）認知症によるものは、病前性格・脳器質性障害・薬物なども影響する。
2）高次脳機能障害によるものには、見当識障害（対人）による誤認の可能性もある。
3）前頭葉障害では、脱抑制・ふざけ症（児戯症）によるものがある。
4）パーキンソン病治療薬により、“衝動制御障害”として性欲亢進・性欲過剰をきたすことがある。
5）性的異常をきたすパーキンソン病治療薬には、ドーパミン補充薬（レボドパ）、ドーパミン受容体刺激薬（プラミペキソール）などがあり、向精神薬にはドーパミン作動薬（エビリファイ）がある。

精神医学としての性的異常行動について

1）精神医学では性的異常を量的異常と質的異常に分類。
2）量的異常には、性欲過剰と性欲減退があり。
3）質的異常には性対象の異常（服装倒錯・小児性愛など）と性目標の異常（露出症・窃視症など）がある。
4）主に病院で問題になるのは、性欲過剰と性目標の異常である。

5-5 パーソナリティ障害がある患者や家族との付き合い方

MSWが対応に難渋する症例が時々あります。中でも、毎回1時間近く長時間に渡ってクレームを述べたり、謝罪を要求したり、怒ったりなどするような事例が、患者さんだけでなく家族から出ることがあります。そのために、業務にも支障が出るほどです。このような場合は、パーソナリティ障害が関与していることが多いのですが、そのための知識を持っていないと対応は困難です。ここでは、特に強迫性パーソナリティ障害の知識と対応に関する考え方を学びます。

パーソナリティ障害（人格障害）とは

1）性格や行動様式が個性というよりも正常範囲から外れており、認知行動特性が著しく偏っている。
2）臨床心理士や精神科医は多種類に分類（表1）。
3）MSWにとって問題となるのは、“強迫性パーソナリティ障害(OCPD)”である。
4）1時間以上も話し続け不適切な要求をくり返す“モンスター・クレーマー”は、OCPDの可能性が高い。
5）業務に支障が出ることが多いが、主治医には比較的穏便。
6）MSWは、常にOCPDの可能性を念頭に置いておかなければならない。
7）患者・家族のクレームはよくあり、間違いは率直に謝罪、そうでない場合も丁寧な説明が必要。

医療現場でよく遭遇するパーソナリティ障害者の言動のあれこれ

細かいことを取り上げ、激しく苦情をいう。要求が、細かい。
易怒性あり。声が大きい。自己主張が強い。

謝罪を求め、すぐ上司を呼べという。
落ち度を認めさせ、謝罪すると、さらに次の段階にはいる。
周囲の人を、意のままに操作しようとする。常に自分は正しいと認めさせようとする。
中学・高校ころから問題があることが多く、家族内でも一定の距離がある。
説明すればするほど、さらに追求が激しくなる。頑張って対応してもすべて当然のように受け取る。
マウントを取ろうとする。主導権を握ろうとその場を仕切る。
話し出すと止まらない。自己の生活史を延々述べる。打ち切れない。割り込めない。
相手の気持ちが理解できない。こちらの気持ちも伝わらない。

強迫性パーソナリティ障害（OCPD）への具体的な対応法

1）対応方法のコツは、MSWが“強迫性パーソナリティ障害”であることに気づくこと。
2）MSWは、求められる内容を把握するまでは、いたずらに説明せず、ひたすら傾聴すること。
3）怒らせてしまった状況については謝罪し、理解しようとする姿勢を見せること。
4）細かくルールが決まっており、修正できない。ひとつ認めると、新たな要求がエンドレスに出てくる。
5）何とか理解して貰おうと説明すればするほど泥沼化する。間違いを指摘してはいけない。
6）スタッフごとに異なる対応をとり人間関係が操作されるので、スタッフ間の情報共有と統一した対応が必須。
7）強迫性パーソナリティ障害に対する良い方法はない。目標は、“終わりよければすべて良し”。
8）治療は主に精神科での精神療法や認知行動療法で、時にSSRIが有用。しかし精神科医自身が嫌う傾向あり。

9) うつ症状から始まり、薬でよくなると、強迫性パーソナリティ障害が表面化することがある。

10) 強迫性パーソナリティ障害の人は非常に多い。子供が３人いるとそのうち一人はその傾向があるくらい。

表１　臨床心理士や精神科医が用いる分類（DSM-5の分類、3群10タイプ）

群	特徴	障害	内容
A群	奇妙で風変わり	妄想性パーソナリティ障害	不信と猜疑心
		統合失調質パーソナリティ障害	他者に対する無関心
		統合失調型パーソナリティ障害	風変わりな思考と行動
B群	演技的・感情的・移り気	境界性パーソナリティ障害	孤独への耐性の低さ、感情の調節不全
		自己愛性パーソナリティ障害	誇大な自己イメージと賞賛の期待、脆弱な自尊心、共感性欠如
		反社会性パーソナリティ障害	社会的無責任・他者軽視・欺瞞・自己の利益を得るための他者操作
		演技性パーソナリティ障害	人の注意を惹きたいという欲求
C群	不安や恐れを抱いている	回避性パーソナリティ障害	拒絶に敏感なことによる対人接触の回避
		依存性パーソナリティ障害	服従および面倒を見てもらう必要性
		強迫性パーソナリティ障害	秩序・完璧主義・柔軟性のなさ（コントロールへの欲求）・金銭（ケチ）

強迫とは

❶ 強迫とは、こだわりが強く頭から離れないこと。
ほとんどの人は、侵入的[注]で他言できないような内容の想念を持っている。

注：侵入的とは境界線からの侵入

❷ 要因には、性格や精神病・神経症だけでなく、脳卒中・てんかんなど脳損傷による前頭葉機能の障害もある。

強迫観念は、統制できないこだわり思考やイメージ。

強迫行為は、強迫観念に付随して起こる行為。

強迫性パーソナリティ障害（OCPD）は、強迫が正常範囲より強い状態。

強迫性障害（OCD）は、時に精神科医の診療が必要。強迫的衝動をコントロールできないことに苦痛を感じる。

第6章

おわりに

6-1 吉田病院の現在の概要

【正式名称】 **社会医療法人榮昌会　吉田病院附属脳血管研究所**

Eishokai Medical Corporation

Yoshida Hospital Cerebrovascular Research Institute

1952 年開設、2022 年で開設 70 年

注 1：社会医療法人とは、公益性の高い医療を担う。税制上の優遇措置あり。当院は休日夜間の救急医療が重要。

注 2：附属脳血管研究所とは、初代所長吉田耕造が、米国と京大での脳循環研究の継続と脳卒中学の地域への普及を目的に創設。

２代目所長平田温は、国立循環器病センターと秋田県立脳血管研究センターの経歴をもつ。

【標榜科】 脳神経外科・脳神経内科・リハビリテーション科・循環器内科・麻酔科

【病床数】 吉田病院　139 床

(SCU12 床・急性期病棟 71 床・回復期リハビリ病棟５６床)

介護医療院よしだ 90 床

【診療実績】

年間入院 約 1,800 件、

年間手術 約 400 件、年間血管内治療 約 100 件

急性期平均在院日数 12 ～ 14 日

回復期平均在院日数 80 ～ 90 日

【職員数】 法人全体　400 名 （吉田病院 330 名、介護医療院よしだ 70 名）

社会福祉士（MSW）９名（室長１名、急性期･外来４名、回復期４名）

リハビリ療法士数　法人全体 97 名

理学療法士（PT）47 名
作業療法士（OT）36 名
言語聴覚士（ST）14 名

【医師数】 常勤医師 15 名、非常勤医師５名
専門医（重複あり）
日本脳神経外科学会専門医 11 名、日本脳神経血管内治療学会専門医６名
日本神経学会専門医３名、日本脳卒中学会専門医７名
日本リハビリ医学会認定臨床医１名
日本認知症学会専門医２名、日本頭痛学会専門医２名
日本内科学会専門医１名、日本循環器学会専門医１名
日本老年医学会専門医１名

日本脳卒中データバンクによる集計結果

日本脳卒中データバンクは、現在、国立循環器病センターが運営し、全国の病院の脳卒中データベースを作成している。2019 年の 1 年間のデータで当院の登録数は 667 例（全施設の総数 :15,772 例）。

当院の超急性期脳卒中リハビリの現状が反映されている。

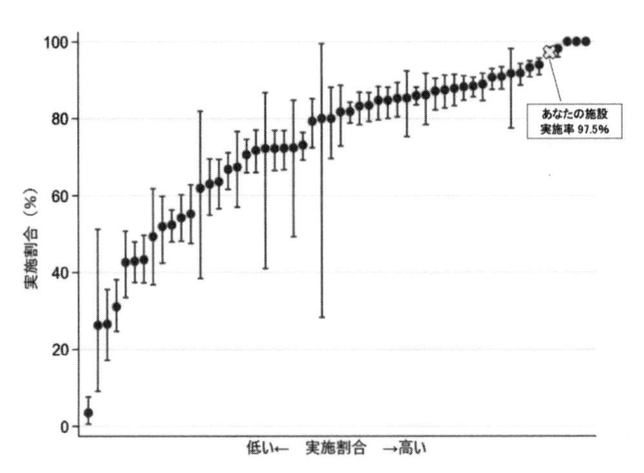

入院後 2 日以内の理学療法または作業療法の実施割合 97.5%

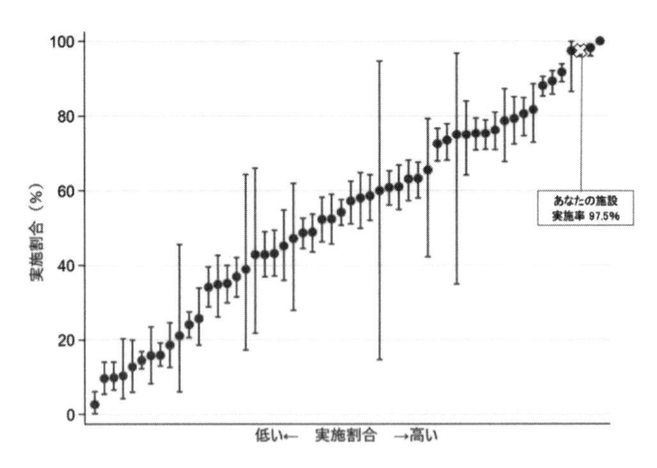

入院後 2 日以内の言語療法の実施割合　97.5%

「脳卒中レジストリを用いた我が国の脳卒中診療実態の把握」（日本脳卒中データバンク）『別冊　施設別報告書 2020 年』より引用

6-2 吉田病院の歴史について

吉田病院の歴史の概要

1952　新開地に外傷救急中心の吉田病院開設（20床）、初代院長吉田榮（現院長の祖父）

1964　米国留学から吉田耕造　京大脳神経外科へ復帰

1968　兵庫区荒田町へ移転新築（95床）、脳神経外科開設

1970　吉田病院副院長に吉田耕造就任、医療法人榮昌会設立、附属脳血管研究所併設

1980　代目院長に吉田耕造就任、SPECTによる脳血流測定開始

1992　神戸大より副院長に吉田泰久就任

1994　吉田病院移転新築（兵庫区荒田町より兵庫区大開通へ）

1995　阪神大震災にて被災

2000　3代目院長に福森豊和就任、吉田耕造名誉院長就任

2004　病院増改築（脳卒中センター開設）

2006　急性期脳卒中リハビリ体制の整備目的で、夏目重厚着任

2010　地域医療連携室設置（部長夏目重厚、課長津井真）

2009　4代目院長に吉田泰久就任

2012　病院増改築（リハビリ訓練室・回復期リハビリ病棟・救急室）、回復期リハビリ病棟基準Ⅰ取得

2013　神経リハビリ開始、鹿児島大リハビリ科の川平和美教授招聘し指導

2015　脳血管研究所2代目所長に平田温就任

2015　退院後の川平法継続で、通所リハビリと訪問リハビリ開始

2016　吉田病院ケアプランセンター（居宅支援事業所）開設、訪問看護部（老健よしだより移転）

2017　理事長に吉田泰久就任、社会医療法人認定

2代目院長吉田耕造による整備

・吉田病院の開設は70年前に現院長吉田泰久の祖父である吉田榮が開設
・吉田耕造（現院長の父）が世界の脳循環研究の第一人者であるJ.S.Meyer教授のもとへ留学し研究
・脳神経外科は54年前に吉田耕造が京大脳外科から着任し開設
・日本の最高水準の脳卒中研究の継続目的に「脳血管研究所」を開設
・地域の脳卒中治療の充実を目指して「**兵庫脳卒中研究会**」を設立
・地域の脳卒中救急医療を含む救急体制の整備に「**神戸市二次救急協議会**」を設立
・脳卒中地域連携パス体制の整備に「**神戸市広域脳卒中協議会**」を設立
・兵庫県民間病院協会の理事として、地域医療の整備や提言
・神戸市の看護体制整備で神戸看護専門学校の整備

吉田耕造先生

6-3 当院のMSW（社会福祉士）による学会発表

学会活動は自院の医療の質向上に大いに役立ちます。吉田病院には“職員の教育研修を支援し、人材の育成に努める”という基本方針があり、積極的な研修支援体制として、教育研究費（学会参会費・旅費・宿泊費などの支援）が充実しています。その結果、医師・看護師・介護福祉士・栄養管理士・理学療法士・作業療法士・言語聴覚士・社会福祉士の学会・研修会参加や学会発表が活発です。学会・研修会参加は、院外や全国的なMSWの水準を把握する良い機会でもあり、MSWの質の向上には必須です。人材は、病院の財産である“人財”であり、職員の技能の向上により、病院の医療の質が上がります。

当院のMSWによる学会報告歴

回復期リハビリ病棟の在宅復帰システムの構築
　－在宅復帰率向上と早期在宅復帰に向けた社会福祉士の役割－
渡辺恵里・早瀬裕子・義田成美・藤沢秀行・稲垣朱実・夏目重厚
回復期リハビリテーション病棟協会第25回研究大会in愛媛　2015

オープンカウンターへのMSW常駐による回復期リハ病棟運営の効率化
　－MSWおよび看護師への心理的影響について－
早瀬裕子・生駒恵里・義田成美・夏目重厚
回復期リハビリテーション病棟協会第27回研究大会in沖縄　2016

退院を前にして生じる自宅復帰受け入れ困難へのMSWの役割
　－MSWのシステムの重要性－
早瀬裕子・浜川明子・茂田なぎさ・生駒恵里・夏目重厚
回復期リハビリテーション病棟協会第29回研究大会in広島　2017

退院後の医療資源活用に向けた障害関連書類作成へのMSWの役割
ー回復期リハ病棟MSWによる入院時から退院後も含めた対応ー
茂田なぎさ・早瀬裕子・浜川明子・藤澤秀行・夏目重厚
回復期リハビリテーション病棟協会第31回研究大会in岩手　2018

当院における回復期リハ病棟MSWの新人研修のシステム
ー社会福祉士の能力開発プログラムの整備ー
和田美紀・早瀬裕子・井筒由莉・夏目重厚
回復期リハビリテーション病棟協会第33回研究大会in舞浜　2019

脳卒中患者の家族へのMSWによる早期インテークの重要性
藤沢秀行・西田麻子・村上真紀・和田美紀・夏目重厚
第44回日本脳卒中学会学術集会　2019横浜

新型コロナで開催中止なった報告予定のテーマ
回復期リハビリ病棟専従の社会福祉士の適正数について
ー急性期回復期一貫システムの中では、患者15名に1名の専従社会福祉士が必要ー
井筒由莉・越智友理香・早瀬裕子・和田美紀・夏目重厚
回復期リハビリテーション病棟協会第35回研究大会in札幌　2020
(開催中止)

付録 MSW 業務に参考となる専門用語集（略語・日本語・英語・解説）

MSW の研修中には、多数の略語が出てきます。必要に応じて検索できるように、主だったものを列挙し解説をつけました。研修時およびその後の参考に利用してください。

A

AAA　腹部大動脈瘤　Abdominal Aortic Aneurysm（スリーA、トリプルAともいう）

A Com　動脈瘤　前交通動脈瘤　Anterior Communicating aneurysm（前脳基底部健忘症を呈す）

AD　アルツハイマー病　Alzheimer's Disease（アルツハイマー型認知症、DAT：Dementia of Alzheimer's type）

ADL　日常生活動作　Activities of Daily Living

AED　自動体外式除細動器　Automated External Defibrillator（市民でも扱える心停止のときの機器）

Af　心房細動　Atrial fibrillation（心原性脳塞栓の原因で最も多い、アブレーションという治療もある）

AFO　短下肢装具　Ankle Foot Orthosis（SLB：Short Leg Brace ともいう）

Alb　アルブミン　Albumin（栄養失調の指標）

ALS　筋萎縮性側索硬化症　Amyotrophic Lateral Sclerosis（略してアミトロ、進行性四肢麻痺・球麻痺・呼吸筋麻痺）

AR　大動脈弁逆流症　Aortic Regurgitation（大動脈弁閉鎖不全症と同じ）

AS　大動脈弁狭窄症　Aortic stenosis（中等症以上は突然死のリスクが高い）

ASDH　急性硬膜下血腫　Acute Subdural Hematoma

ASO　閉塞性動脈硬化症　Arteriosclerosis Obliterans（主に下肢のものをいう、下肢 ASO）

B

BAD　分枝粥腫病　Branch Atheromatous Disease（進行性脳卒中の一つ、日本語名は使わない）

BBS　ベルグバランススケール Berg Balance Scale（バランスの検査、別名 FBS　Functional Balance Scale）

BIT　行動無視検査　Behavioural Inattention Test

BLS　一次救命処置　Basic Life Support（全職員が習得するべき蘇生術、上級編は ACLS）

BMI　体格指数　Body Mass Index（18.5 以下は羸痩　22 正常、25 過体重、30 肥満、糖尿病は 24 ～ 25 が目標）

BNP　脳性ナトリウム利尿ペプチド　Brain Natriuretic peptide（心不全が血液で検査できる。300 以上で危険）

Body image　身体図式、身体像

BPPV　良性発作性頭位眩暈（回転性めまいの原因の一つ、耳石の迷路への迷入による）

BPSD　認知症の行動と心理症状　Behavioral and Psychological Symptom of Dementia

BRS　ブルンストロームステージ　Brunnstrom Recovery Stage（Ⅰ～Ⅵ　Ⅰ・Ⅱ・Ⅲは重度の麻痺）

B12　ビタミン B12　VitaminB12

C

CAA　脳アミロイド血管症　Cerebral Amyloid Angiopathy（大脳皮質下出血の原因、AD の仲間）

CAM　Confusion Assessment Method（せん妄のスクリーニング評価法）

CAS　頸動脈ステント留置術（頸部内頸動脈狭窄症の血管内治療）

CBZ　カルバマゼピン（商品名：テグレトール　抗てんかん薬であり、神経痛や易怒性を改善）

CEA　頸動脈内膜剥離術（頸部内頸動脈狭窄症の手術）

CHF　慢性心不全　chronic heart failure または　うっ血性心不全　congestive heart failure

CI　脳梗塞　Cerebral infarction（MI は心筋梗塞）

CI 療法　拘束誘発性運動療法　Constraint-induced movement therapy

CJD　クロイツフェルト・ヤコブ病　Creutzfeldt-Jacob disease（プリオンに因る進行性認知症、伝染する）

CK-MB　クレアチンキナーゼ MB　Creatine Kinase MB（心筋の障害で上昇、心筋梗塞）

CKD　慢性腎臓病　Chronic Kidney Disease　（腎機能障害の病名）

CMB　脳微小出血　Cerebral microbleeds（MBs とも略す、MRI の T ２＊強調画像で描出）

COPD　慢性閉塞性肺疾患　Chronic Obstructive Pulmonary Disease

CPA　心肺停止　Cardio-Pulmonary Arrest

CPAP　持続陽圧呼吸療法　Continuous Positive Airway Pressure（睡眠時無呼吸では経鼻的の n-CPAP 使用）

CPM　持続的関節他動訓練器 Continuous Passive Motion

CPR　心肺蘇生法　Cardio-Pulmonary Resuscitation（目的は、突然の予期せぬ死の防止）

CRP　C 反応性蛋白　C-Reactive Protein（炎症反応や悪性腫瘍で上昇）

CRPS　複合性局所疼痛症候群　Complex Regional Pain Syndrome（RSD とカウザルギー がある）

CSDH　慢性硬膜下血腫　Chronic Subdural Hematoma（略して“慢硬”、穿頭洗浄術・穿頭ドレナージ術等で治療）

CT　コンピュータ断層撮影法　Computed Tomography（放射線吸収域をコンピュータ計算で描出）

CTA　CT Angiography（CT による血管造影検査）

CTR　心胸郭比　Cardio-Thoracic Ratio（50％以上で心拡大）

D

DAI　びまん性軸索損傷　Diffuse axonal injury（頭部外傷で白質の剪断により発生）

DAPT　抗血小板薬２剤投与療法　Dual Antiplatelet Therapy（抗血小板療法の強化法）

DIC　播種性血管内凝固症候群 Disseminated Intravascular Coagulation（重症化する）

DM　糖尿病　Diabetes Mellitus

DNR　蘇生措置拒否　Do Not Resuscitate（心停止に至っても心肺蘇生を試みないこと）

DNR　指示　Do Not Resuscitation order（心肺蘇生術をしない指示）

DNAR　蘇生を試みない　Do Not Attempt Resuscitation（心肺蘇生術を試みない指示）

DOAC　直接経口抗凝固薬　Direct Oral Anticoagulant（新規経口抗凝固薬）

D2P　Door to Puncture（救急車で救急室に入室してから、血管内治療の針を穿刺するまでの時間で血管内治療の質の評価に用いる）

DPC　包括医療費支払制度　Diagnosis Procedure Combination（診断群分類）

DVT　深部静脈血栓症　Deep Vein Thrombosis（一般に下肢静脈血栓をさす、肺塞栓を起こすと死のリスク）

DWI　拡散強調画像　Diffusion Weighted Image（MRI の撮像法、急性期脳梗塞に敏感）

E

EBM　根拠に基づく医療　Evidence Based Medicine（多くは診療ガイドラインに記載、エビデンスは科学的根拠）

EF　駆出率（左室収縮能）　LVEF　Left Ventricular Ejection Fraction（心機能の指標）

eGFR　推定糸球体濾過量（腎機能検査）

EPS　錐体外路症状　Extra Pyramidal Symptom（向精神薬の副作用の薬剤性パーキンソン症候群に対し精神科で使用）

F

FAB　前頭葉機能評価バッテリー　Frontal Assessment Battery（前頭葉障害の評価法）

FIM　機能的自立度評価表　Functional Independence Measure（ADL 評価法、介護負担度の国際的評価）

FLAIR　液体を減衰させた反転画像　Fluid Attenuated Inversion Recovery（MRI の脳脊髄液抑制画像）

G

GCS　グラスゴーコーマスケール Glasgow Coma Scale（意識レベルの評価法　15 点満点）

GMT　粗大筋力　Gross Muscle Testing（MMT の簡略版）

H

HAL　ロボットスーツ HAL　Hybrid Assistive Limb（CYBERDYNE 社のロボット訓練機器）

Hb　ヘモグロビン　血色素

HCU　ハイケアユニット　High Care Unit（高度治療室、準集中治療室）

HOT　在宅酸素療法　Home Oxygen Therapy

HT　高血圧症　Hypertension

I

IADL　手段的 ADL、手段的日常生活動作　Instrumental Activities of Daily Living

IC　説明と同意　Informed Consent（正しい情報を得た上での合意、納得診療）

ICF　国際生活機能分類　International Classification of Functioning Disability and Health（障害の国際的分類）

iNPH　特発性正常圧水頭症　idiopathic normal pressure hydrocephalus（原因不明、アルツハイマー病の合併が多い）

IVIG　免疫グロブリン大量点滴静注法　Intravenous immunoglobulin

J

JCS　ジャパン・コーマ・スケール　Japan Coma Scale（3-3-9 度方式救急医療で用いる）

K

KAFO　長下肢装具　Knee ankle foot orthosis（LLB: Long leg Brace）

L

LBD　レビー小体病　Lewy body disease（DLBD: Dementia with Lewy Bodies　レビー小体型認知症）

LPシャント　腰椎腹腔短絡術　lumbo-peritoneal shunt（水頭症手術で脳に侵襲がない唯一の方法）

M

MAS　改訂版アシュワース尺度　Modified Ashworth Scale（痙縮の定量的検査）

MMSE　ミニメンタルステート検査　Mini Mental State Examination（簡易知能テスト、長谷川式と相関）

MMT　徒手筋力テスト　Manual Muscle Test（0から5まで）

MR　僧帽弁逆流症・僧帽弁閉鎖不全症　Mitral Regurgitation

MRA　MR血管撮影　Magnetic Resonance Angiography（MRIで造影剤なしに血管撮影ができる）

MRI　磁気共鳴画像　Magnetic Resonance Imaging（高磁場で電磁波を掛けて信号を測定する）

mRS　モディファイド・ランキン・スケール　modified Rankin Scale（脳卒中の生活自立度　無症候0～重度障害5）

MS　僧帽弁狭窄症　Mitral Stenosis　または　多発性硬化症　Multiple Sclerosis

MSW　医療ソーシャルワーカー　Medical Social Worker

N

NGチューブ　経鼻胃管　nasogastric tube

NIHSS　NIHストロークスケール　NIH-Stroke Scale（National Institute of Health Stroke Scale）

NPH　正常圧水頭症　normal pressure hydrocephalus（水頭症手術・VPシャント術・LPシャント術で治療）

NSAIDs　非ステロイド性抗炎症薬　Non-steroidal Anti-inflammatory Drugs（普通の消炎解熱鎮痛剤）

NST　栄養サポートチーム　Nutrition Support Team（低栄養状態の医療チーム）

O

OA　変形性関節症　Osteoarthritis　または　Osteoarthrosis（膝OAなど）

OE法　間歇的口腔食道経管栄養法　intermittent oro-esophageal tube feeding　、IOE

OT　作業療法士　occupational therapist　または　作業療法 occupational therapy

P

Paf　発作性心房細動　Paroxysmal atrial fibrillation（脳梗塞予防はAfに準じて対応）

PB　フェノバルビタール　Phenobarbital（抗てんかん薬）

PD　パーキンソン病　Parkinson Disease

PEG　経皮内視鏡的胃瘻造設術　Percutaneous Endoscopic Gastrostomy（手技であり胃瘻ではない。時に胃瘻の意として使用されている）

PEM　蛋白エネルギー低栄養状態　Protein energy malnutrition（NST の出発点）

Penumbra　ペナンブラ　血栓回収術のデバイスの商品名　または　脳梗塞周囲の脳血流低下部分

PH　既往歴　past history

POMS　気分プロフィール検査　Profile of Mood States（現在は第２版）

PT　理学療法士 Physical therapist　または　理学療法 Physical therapy

Pt　血小板数　Platelet

PHT　フェニトイン Phenytoin（商品名はアレビアチン　抗てんかん薬）

PT-INR　プロトロンビン時間ー国際標準比　Prothrombin Time-International Normalized Ratio（Warfarin control）

Q

QOL　生活の質　Quality of life

R

RASS　RASS スケール　Richmond Agitation-Sedation Scale（せん妄の評価スケール）

RBD　レム睡眠行動障害　REM sleep behavior disorder（大声の寝言、夢中遊行の原因）

RBMT　リバーミード行動記憶検査　Rivermead Behavioural Memory Test（MMSE との乖離で AD）

RCPM　レーブン色彩マトリックス検査　Ravens Colored Progressive Matrices（非言語性知能と推理力評価）

RSD　反射性交感神経性ジストロフィー　Reflex sympathetic dystrophy

ROM　関節可動域　Range of Motion

S

SAH　クモ膜下出血　Subarachnoid Hemorrhage（英語読み　エスエーエッチ・独語の誤った読みザー）

SALA　SALA 失語症検査　Sophia Analysis of Language in Aphasia

SAS　睡眠時無呼吸症候群　Sleep Apnea Syndrome

SCU　脳卒中ケアユニット　Stroke Care Unit

SLTA　標準失語症検査　Standard Language Test of Aphasia

SpO2　酸素飽和度　oxygen saturation（p はパルスオキシメータの場合で、動脈血では a で SaO2）

SSRI　選択的セロトニン再取り込み阻害薬　Selective Serotonin Reuptake inhibitors（抗うつ薬の一種）

ST　言語聴覚士　Speech therapist　または　言語療法　Speech therapy

STEF　簡易上肢機能検査　Simple Test for Evaluating hand Function（神戸大 OT 学科の金子翼が開発）

T

TAA　胸部大動脈瘤　Thoracic Aortic Aneurysm（直径 5 cm 以上で破裂リスク）

T&D　トークアンドデテリオレイト　Talk and Deteriorate（頭部外傷で会話できていたのに重度の意識障害になる）

Tbc　結核　Tuberculosis（結核の略語、肺 Tbc など）

TBI　外傷性脳損傷　Traumatic Brain Injury

TIA　一過性脳虚血発作　Transient Ischemic Attack（脳梗塞ではない）

TKA　人工膝関節置換術　Total Knee Arthroplasty

TMS　経頭蓋磁気刺激　Transcranial Magnetic Stimulation

TMT　トレイルメイキングテスト　Trail Making Test（注意障害の検査で TMT-A、TMT-B がある）

tPA　アルテプラーゼ　tissue Plasminogen Activator（血栓溶解薬で　t PA 静注と表記）

TTFR　緊張性足趾屈曲反射　Tonic Toe Flexion Reflex（槌趾、claw toe）

TUG　タイムドアップアンドゴーテスト　Timed U&G Test（3 m で用いることが多い）

T1　T1 強調画像（MRI の撮像法、水が黒い）

T2　T2 強調画像（MRI の撮像法、水が白い）

T2*　ティーツースター　T2 star（MRI の撮像法、微小脳出血がわかる）

U

USN　半側空間無視　Unilateral Space Neglect（ほとんどが左、対象の左側を無視する。半側空間失認ともいう）

V

VAS　ビジュアル・アナログ・スケール　Visual Analogue Scale（痛みの強度の視覚的評価スケール）

VE　嚥下内視鏡検査　Video Endoscopic swallowing study（喉頭内視鏡検査、経鼻でみる）

VF　嚥下造影検査 Video Fluoroscopic swallowing study(バリウム入りの食物でのX線透視下検査)

Vital sign　バイタルサイン（血圧・脈拍・体温・SpO2 など）

VPA　バルプロ酸　valproic acid（抗てんかん薬、気分調整薬）

VP シャント　脳室腹腔短絡術　ventriculo-peritoneal shunt（水頭症手術の一つ）

W

WAIS- Ⅲ　ウェイス・スリー　ウェクスラー成人知能検査Ⅲ　Wechsler Adult Intelligence Scale Ⅲ

WG　ワーキンググループ　Working Group（ワーキングチーム、作業班、作業部会）

WMS　ウェックスラー記憶検査　Wechsler Memory Scale

その他

3D-CT　三次元 CT　Three-Dimensional Computed Tomography（CT の画像処理、主として骨折で使用）

3D-MRA　三次元 MRI 血管画像　Three-Dimensional Angiography

おわりに

著者は、学生時代には心理学や精神医学について非常に興味があり、全共闘運動のなかでは、社会のあり方や自己の主体性、人間存在の捉え方なども模索していました。その後、徳洲会に参加し、診療システムの構築や包括的医療の地域展開に取り組み、徳洲会病院では、脳外科・神経内科・リハビリ医学・心理学などを統合した脳疾患総合診療の実践に取り組みました。また、日本医療機能評価機構の活動にも参加し、サーベイヤー業務や評価基準の策定にも携わりました。

研修医時代の恩師吉田耕造先生は、神戸で脳外科診療を進める中で、“脳のことなら何でも吉田病院”という診療方針、神戸市の救急医療体制の整備、世界の最高水準を目指した“附属脳血管研究所”の活動などを展開しておられました。14年ほど前に、先生より“超急性期脳卒中リハビリ”の実現と認知症外来の展開を嘱望され、吉田病院に30年ぶりに再着任することになりました。そこで、多人数の医療ソーシャルワーカーと病棟に溢れるほどのリハビリ療法士の確保を軸に、神経リハビリを遂行する考えの同意も受け著者の活動を開始し現在に至ります。

著者は、2006年に徳洲会での再建活動の経験を、**『患者に好かれるもっと良い病院にする方法』**として出版しました。2018年には吉田病院の療法士の教育プログラムとリハビリ部門の運営指針をまとめた、**『リハビリの思考力を高める100の知識』**を出しました。今回、社会福祉士への新人教育プログラムの内容を**『脳卒中の患者にやさしいMSWになろう』**として出版することになりました。全国でMSWとして活躍している社会福祉士の参考になれば幸甚です。また、脳卒中相談員の研修へ活用されることも期待したいと思います。

謝辞

最後に、全体の校閲をしていただいた吉田病院附属脳血管研究所所長・脳神経内科部長の平田温先生、制度的な項目での校閲をいただいた吉田病院地域医療連携室文書担当の藤田郁子氏、吉川貴子医事課長にも深い感謝の意を表します。MSW 研修のシステム作りや人員確保などでいつも援助をいただいている地域医療連携室の津井誠課長・米田三穂さん・大西藍さん、西尾隆司人事課長にも感謝の意を表します。

当院の MSW のシステム整備を一緒に進め、現在も当院で MSW に携わっておられる早瀬裕子・藤澤秀行・越智友理香・中島瑠玖・八木友里香・森薫子の諸氏、当院のケアセンターの義田成美氏、および当院で MSW として各地の医療現場におられる渡辺恵里・浜川明子・茂田なぎさ・西田麻子・井筒由莉・村上真紀・和田美紀の MSW の皆さんには感謝の意を表すとともに、今後の一層のご活躍を祈念します。

〈著者紹介〉

夏目　重厚（なつめ　しげあつ）

1947年京都生まれ、岐阜市にて育つ。1973年京大医学部卒業後、兵庫医大脳神経外科教室へ入局。1979年諏訪中央病院で脳外科開設。1985年徳洲会に入職し全国各地の系列病院に勤務。脳外科・神経内科・リハビリの統合的診療と在宅医療・デイケアなどのシステム化に取り組んだ。赤字病院の再建にも携わり病院管理学を学んだ。1999年日本医療機能評価機構のサーベイヤーに就任後、評価部会員・特別審査員・評価項目検討会委員を歴任。2006年より神戸の吉田病院へ移籍し、現在副院長・リハビリテーション科部長・診療支援部部長・地域連携部長を兼務し、MSWや療法士の育成と神経内科外来・高次脳機能外来・コロナ後遺症外来などの診療にあたっている。

（資格等）

脳神経外科専門医、脳神経内科専門医・指導医、日本リハビリ医学会認定臨床医、
診療情報管理士、日本医療機能評価機構サーベイヤー

（著書）

『患者に好かれるもっと良い病院にする方法』東洋出版、2006（徳洲会での再建活動の総括）
『リハビリテーション機能評価項目解説集Ver1.0』日本医療機能評価機構、2003（分担執筆）
『病院機能評価項目解説集V6.0』日本医療機能評価機構、2009（分担執筆）
『リハビリテーション機能（回復期）評価項目解説集Ver2.0』
　日本医療機能評価機構、2011（分担執筆）
『リハビリの思考力を高める１００の知識』
　東洋出版、2018（病院リハビリの運営論と療法士の研修システム）

（筆者が登場するノンフィクション書籍）

『医師たちの阪神大震災』中谷和夫　TBSブリタニカ、1995
『神になりたかった男　徳田虎雄　医療革命の軌跡を追う』山岡淳一郎　平凡社、2017
『ゴッドドクター徳田虎雄』山岡淳一郎　小学館、2020

脳卒中の患者にやさしい
医療ソーシャルワーカーになろう
"An Outline of Medical Social Workers specific to STROKE"

2022年7月16日初版第1刷発行
著　者　夏目重厚
発行者　百瀬精一
発行所　鳥影社 (choeisha.com)
〒160-0023 東京都新宿区西新宿3-5-12トーカン新宿7F
電話 03-5948-6470, FAX 0120-586-771
〒392-0012 長野県諏訪市四賀229-1（本社・編集室）
電話 0266-53-2903, FAX 0266-58-6771
印刷・製本　シナノ印刷

ISBN978-4-86265-966-8 C0047